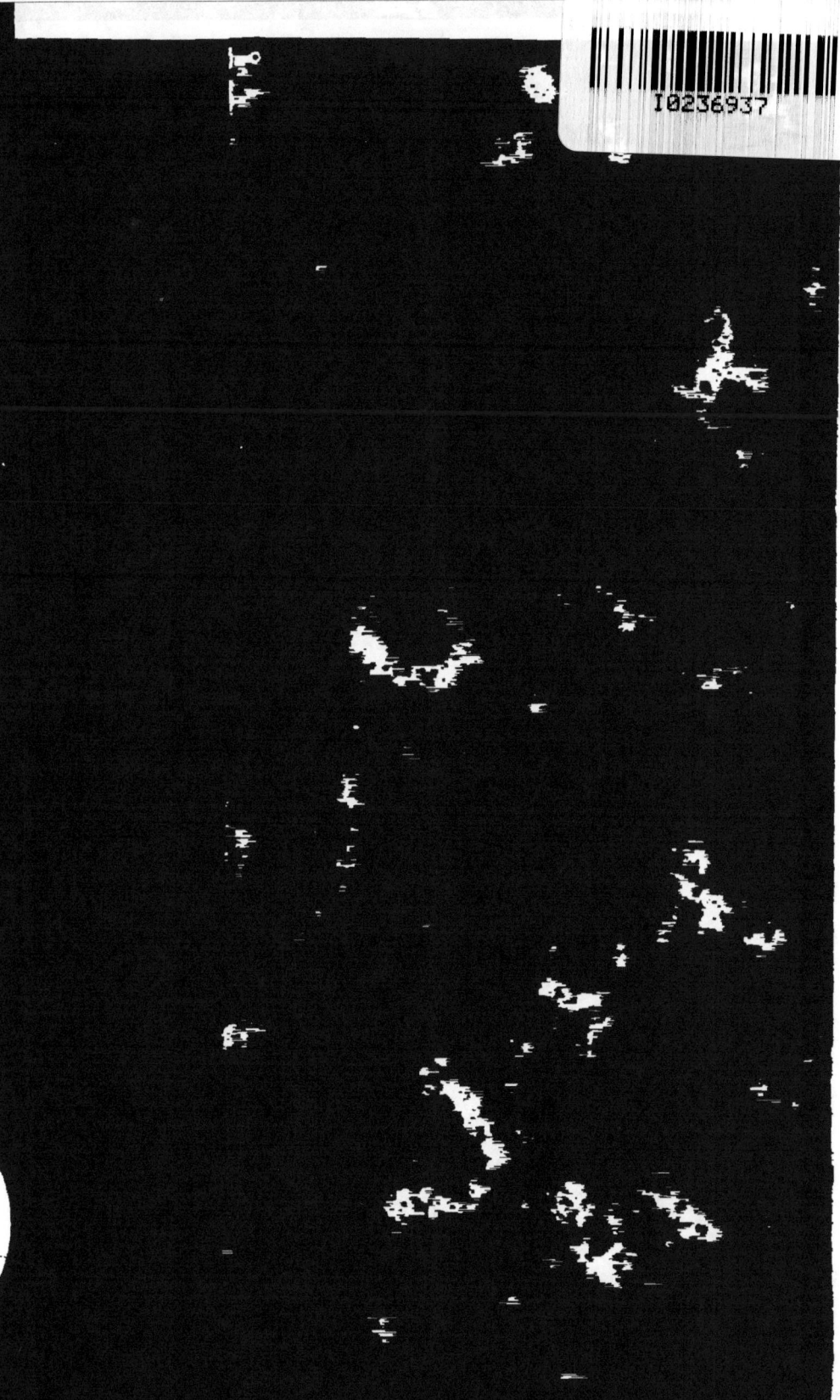

VIE
DE
S. FRANÇOIS XAVIER,
APÔTRE DES INDES,

TIRÉE DE LA VIE DU SAINT

Par le P. BOUHOURS,

DE LA COMPAGNIE DE JÉSUS.

Nouvelle BIBLIOTHÈQUE CATHOLIQUE

LILLE.
L. LEFORT, LIBRAIRE, IMPRIMEUR DU ROI,
RUE ESQUERMOISE, N.° 55.
A PARIS, CHEZ Ad. LECLERE ET C.ie
IMP. LIBRAIRE, QUAI DES AUGUSTINS, n.° 35.

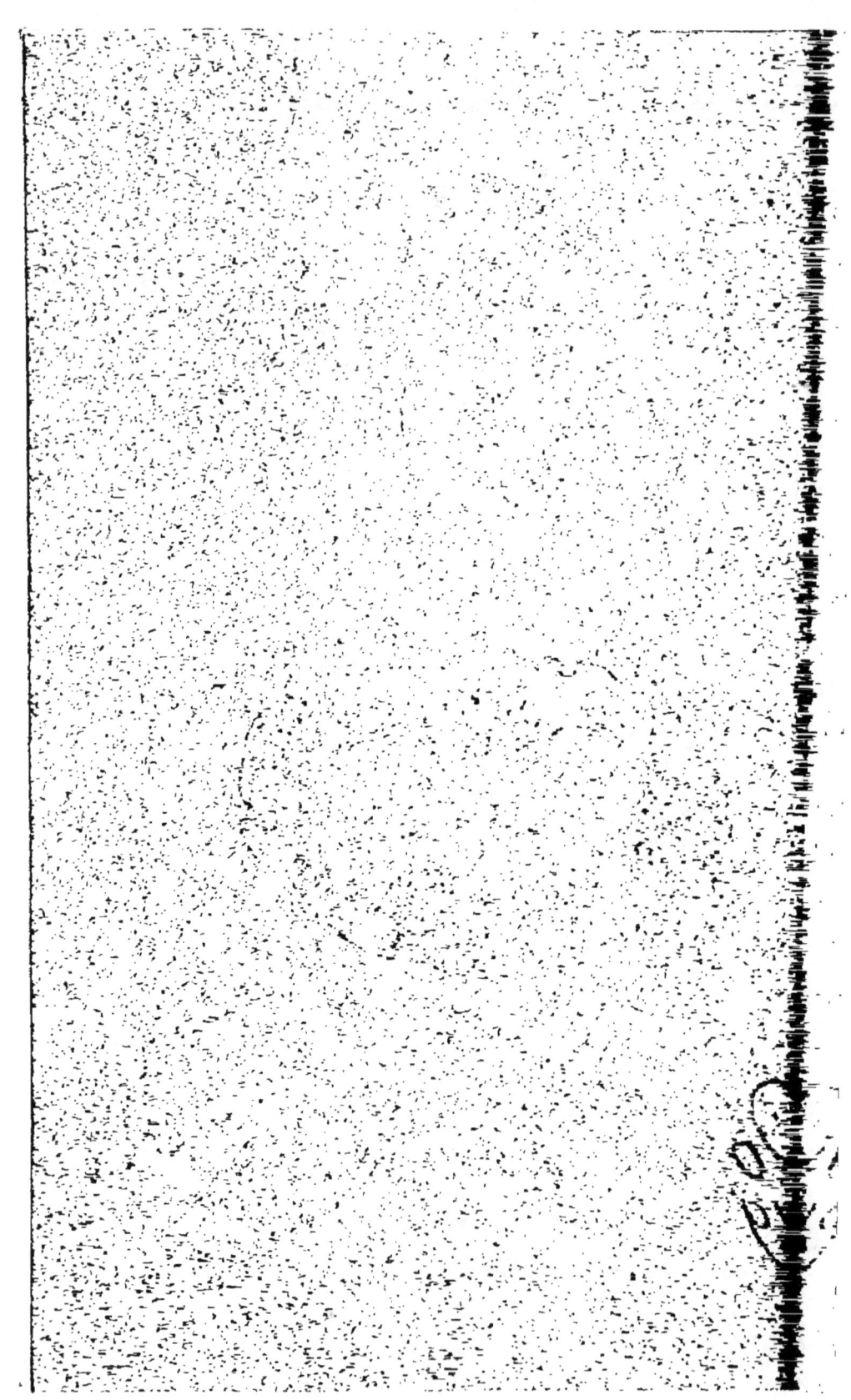

VIE

DE

S. FRANÇOIS XAVIER.

St FRANÇOIS XAVIER.

VIE

DE

S. FRANÇOIS XAVIER,

APÔTRE DES INDES,

TIRÉE DE LA VIE DU SAINT

Par le P. BOUHOURS,

DE LA COMPAGNIE DE JÉSUS,

I.re PARTIE.

LILLE.
L. LEFORT, LIBRAIRE, IMPRIMEUR DU ROI,
RUE ESQUERMOISE, N.° 55.
—
1827.

PROPRIÉTÉ DE L'ÉDITEUR.

VIE

DE

SAINT FRANÇOIS XAVIER.

LIVRE PREMIER.

J'entreprends d'écrire la vie d'un Saint qui a renouvelé, dans ces derniers siècles, ce qui s'est fait de plus merveilleux à la naissance de l'Eglise, et qui a été lui-même une preuve vivante de la vérité du christianisme. On verra, dans les actions d'un seul homme, le Nouveau-Monde converti par la vertu de la prédication et par celle des miracles ; les rois idolâtres de l'Orient réduits, avec leurs royaumes, sous l'obéissance de l'Evangile ; la foi florissante au milieu de la barbarie ; et l'autorité de l'Eglise romaine reconnue des nations les plus éloignées.

Dans chaque siècle, la Providence a suscité des prédicateurs animés de l'Esprit-Saint, qui, tenant leur mission des successeurs des apôtres, ont porté le flambeau de la foi dans de nouvelles contrées, pour étendre le royaume de Jésus-Christ. Parmi ceux qui, dans le seizième siècle, travaillèrent avec le plus de succès à ce grand ouvrage, on doit donner la première place à saint François Xavier, ce Thaumaturge des derniers temps, que le pape Urbain VIII appelle, à juste titre, l'*Apôtre des Indes*.

Il naquit le 7 Avril 1506, au château de Xavier, dans la Navarre, à huit lieues de Pampelune. D. Jean de Jasso, son père, étoit un des principaux conseillers d'état de Jean d'Albret, troisième du nom, roi de Navarre. Sa mère étoit héritière des illustres maisons d'Azpilcueta et de Xavier. Ils eurent plusieurs enfans, dont les aînés portèrent le surnom d'Azpilcueta. On donna à François, le plus jeune de tous, celui de Xavier.

Il apprit les premiers élémens de la langue latine dans la maison paternelle, et il puisa au sein d'une famille vertueuse, de grands sentimens de piété; il étoit, dès son enfance, d'un caractère doux, gai, complaisant, ce qui le faisoit aimer de tout le monde. On découvroit en lui un génie rare et une pénétration singulière. Avide d'apprendre, il s'appliquoit à l'étude avec ardeur, et il ne voulut point embrasser la profession des armes comme ses frères. Lorsqu'il eut atteint sa dix-huitième année, ses parens l'envoyèrent à l'université de Paris, qui étoit regardée comme la première école du monde.

Il entra au collége de Sainte-Barbe, et commença son cours de philosophie. Son amour pour l'étude lui fit dévorer les difficultés qu'offroient les questions les plus subtiles et les plus rebutantes. Ses talens naturels se développèrent de plus en plus ; son jugement se forma, et sa pénétration acquit plus d'étendue et de vivacité. Les applaudissemens qu'il recevoit de toutes parts, flattoient agréablement sa vanité ; car il ne trouvoit rien de criminel dans cette passion ; il la regardoit même comme une émulation louable et nécessaire, pour faire fortune dans le monde. Son cours de philosophie achevé, il fut reçu maître-ès-arts, et il enseigna lui-même cette science au collége de Beauvais ; mais il continua de demeurer dans celui de Sainte-Barbe.

Saint Ignace étant venu à Paris, en

1528, pour finir ses études, se mit en pension dans le même collége. Il méditoit alors le projet de former une société savante qui se dévouât toute entière au salut du prochain. Vivant avec Pierre le Fèvre, savoyard, et avec François Xavier, il les jugea propres à remplir ses vues.

Il ne lui fut pas difficile de gagner le premier, qui n'avoit point d'attachement pour le monde. Mais François, dont la tête étoit remplie de pensées ambitieuses, rejeta avec dédain la proposition d'Ignace ; il le railloit même en toute occasion ; il tournoit en ridicule la pauvreté dans laquelle il vivoit, et la traitoit de bassesse d'ame. Ses mépris n'affectoient point Ignace ; il les supportoit avec douceur et avec un air gai, se contentant de répéter de temps en temps cette maxime de l'Evangile : *Que sert à un homme de gagner tout l'univers, et de perdre son ame ?* Tout cela ne fit point d'impression sur Xavier.

Ebloui par la vaine gloire, il se faisoit de faux principes pour concilier l'amour du monde avec le christianisme. Ignace le prit par son foible ; il se mit à louer son savoir et ses talens ; il applaudissoit à ses leçons, et cherchoit l'occasion de lui procurer des écoliers. Ayant appris qu'il se trouvoit dans le besoin, il lui offrit de l'argent qui fut accepté.

Xavier avoit l'ame généreuse ; il fut très-touché de ce procédé. Considérant ensuite la naissance d'Ignace, il ne put douter qu'il n'agît par un motif supérieur dans le genre de vie qu'il avoit embrassé. Il vit donc Ignace avec d'autres yeux, et il l'écouta avec attention. Les Luthériens avoient alors des émissaires à Paris, pour répandre secrètement leurs erreurs parmi les étudians de l'université. Ces émissaires présentoient leurs dogmes d'une manière si plausible, que Xavier, naturellement curieux, prenoit plaisir à les écouter. Ignace vint à son secours, et empêcha l'effet de la séduction.

Xavier rapporte ainsi lui-même dans une lettre à son frère aîné le service éminent qu'Ignace lui rendit en cette occasion.

« Non-seulement il m'a secouru par
» lui-même et par ses amis dans les
» nécessités où je me suis trouvé ;
» mais, ce qui est bien plus important,
» il m'a retiré des occasions que j'ai

» eues de faire amitié avec des gens de
» mon âge, pleins d'esprit et de poli-
» tesse, qui ne respiroient que l'hérésie,
» et qui cachoient la corruption de leur
» cœur sous des dehors agréables : lui
» seul a rompu des commerces si dan-
» gereux où je m'engageois imprudem-
» ment, et m'a empêché de suivre ma
» facilité naturelle, en me découvrant
» les piéges que l'on me tendoit. Quand
» don Ignace ne m'auroit rendu que ce
» service, je ne sais comment je pour-
» rois m'acquitter envers lui, ni même
» lui témoigner ma reconnoissance : car,
» enfin, sans lui je ne me serois jamais
» défendu de ces jeunes hommes, très-
» honnêtes en apparence, et très-cor-
» rompus dans le fond de l'ame. »

On peut conclure d'un témoignage aussi authentique, que Xavier, bien loin de porter la foi à des peuples idolâtres, l'auroit peut-être perdue, s'il n'étoit tombé entre les mains d'un compagnon du caractère d'Ignace, qui abhorroit tout ce qui sentoit l'hérésie, et qui avoit un discernement admirable pour reconnoître les hérétiques, sous quelques masques qu'ils parussent.

Ce n'étoit pas assez de préserver Xavier de l'erreur, il falloit le détacher tout-à-fait du monde. Ces dispositions favorables encouragèrent Ignace à poursuivre son dessein, et lui donnèrent lieu d'espérer un heureux succès. Ayant un jour trouvé Xavier plus docile qu'à l'ordinaire, il lui répéta ces paroles plus fortement que jamais : *Que sert à un homme de gagner tout l'univers et de perdre son ame ?* Il lui dit ensuite, qu'un cœur aussi noble et aussi grand que le sien ne devoit pas se borner aux vains honneurs de la terre, que la gloire seule du ciel étoit l'objet légitime de son ambition, et que le bon sens vouloit qu'on préférât ce qui dure éternellement à ce qui passe comme un songe.

Xavier entrevit alors le néant des grandeurs mondaines, et se sentit même touché de l'amour des choses célestes. Mais ces premières impressions de la grâce ne firent pas tout leur effet sur-le-champ ; il repassa souvent en lui-même ce que lui avoit dit l'homme de Dieu ; et ce ne fut qu'après de sérieuses réflexions, qu'après bien des combats intérieurs, que, vaincu enfin par la force des vérités éternelles, il prit une ferme résolution de vivre selon les maximes de l'Evangile, et de marcher sur les pas de celui qui lui avoit fait connoître son égarement.

Il se mit donc sous la conduite d'Ignace, qui le fit avancer à grands pas dans les voies de la perfection ; il apprit d'abord à vaincre sa passion dominante, et à se défaire de la vaine gloire, son plus dangereux ennemi. Il ne chercha plus que les occasions de s'humilier, afin de délivrer entièrement son cœur de l'enflure de l'orgueil ; et comme il n'est pas possible de remporter une victoire complète sur ses passions, sans réprimer ses sens et sans mortifier sa chair, il couvrit son corps d'un cilice, et l'affoiblit par le jeûne et par d'autres austérités.

Lorsque les vacances furent arrivées, il fit les exercices spirituels, suivant la méthode de saint Ignace. Sa ferveur étoit si grande, qu'il passa quatre jours sans prendre aucune nourriture. La contemplation des choses célestes l'occupa le jour et la nuit ; il parut changé en un autre homme. Ce n'étoit plus les mêmes désirs, les mêmes vues, les mêmes affections, il ne se reconnoissoit plus lui-même ; l'humilité de la croix lui paroissoit préférable à toute la gloire du monde. Pénétré des plus vifs sentimens de componction, il voulut faire une confession de toute sa vie ; il forma le dessein de glorifier le Seigneur par tous les moyens possibles, et de consacrer le reste de sa vie au salut des ames. Après avoir enseigné la philosophie trois ans et demi, comme il se pratiquoit dans ce temps-là, il se mit à l'étude de la théologie par le conseil de son directeur.

Le jour de l'Assomption de l'année 1534, Ignace, avec ses six compagnons, du nombre desquels étoit Xavier, se rendit à Montmartre. Ils y firent tous vœu de visiter la Terre-Sainte, et de travailler à la conversion des infidèles, ou si cette entreprise ne pouvoit avoir lieu, d'aller se jeter aux pieds du pape, et de lui offrir leurs services pour s'employer aux bonnes œuvres qu'il jugeroit à propos de leur désigner. Trois nouveaux compagnons se joignirent bientôt à eux. Tous finirent leur théologie l'année suivante. Le 15 Novembre 1536, ils partirent de Paris, au nombre de neuf, pour aller à Venise. Saint Ignace, qui s'étoit rendu d'Espagne en cette ville, les y attendoit.

Ils traversèrent toute l'Allemagne à pied, malgré les rigueurs de l'hiver qui étoit extrêmement froid cette année. Xavier, pour se punir de la complaisance que lui avoit inspirée autrefois son agilité à la course et à de semblables exercices du corps, s'étoit lié les bras et les cuisses avec de petites cordes. Le mouvement lui enfla les cuisses, et les cordes entrèrent si avant dans la chair, qu'on ne les voyoit presque plus. La douleur qu'il en ressentit fut très-sensible; il la supporta d'abord avec patience: mais il se vit bientôt dans l'impossibilité de marcher, et il ne put cacher plus long-temps la cause de l'état où il se trouvoit. Ses compagnons appelèrent un chirurgien, qui déclara qu'il y avoit du danger à faire des incisions, et qu'au reste le mal étoit incurable. Le Fèvre, Laynez et les autres passèrent la nuit en prières, et le lendemain matin Xavier trouva que les cordes étoient tombées. Ils rendirent tous grâces au Seigneur, et continuèrent leur route. Xavier servoit ses compagnons en toutes rencontres, et les prévenoit toujours par des devoirs de charité.

Ils arrivèrent à Venise le 8 Janvier 1537, et eurent beaucoup de consolation en revoyant saint Ignace. Ils se distribuèrent dans les deux hôpitaux de la ville, afin d'y servir les pauvres, jusqu'au moment où ils s'embarqueroient pour la Palestine. Xavier étoit à l'hôpital des incurables. Après avoir employé le jour à rendre aux malades les services les plus humilians, il passoit la nuit en prières. Il s'attachoit de préférence à ceux qui avoient des maladies contagieuses, ou qui étoient couverts d'ulcères dégoûtans.

Un de ces malades avoit un ulcère horrible à voir, et dont la puanteur étoit insupportable. Personne n'osoit en approcher, et Xavier sentoit beaucoup de répugnance à le servir. Mais se rappelant que l'occasion de faire un grand sacrifice étoit trop précieuse pour la laisser échapper, il embrassa le malade; puis approchant sa bouche de l'ulcère, il le suça courageusement : au même instant sa répugnance cessa, et cette victoire remportée sur lui-même, lui mérita la grâce de ne plus trouver de peine à rien; tant il est important de ne pas écouter les révoltes de la nature, et de se vaincre une bonne fois.

Deux mois se passèrent dans ces exercices de charité, après quoi, il se mit en chemin pour Rome, avec les autres disciples d'Ignace, qui demeura seul à Venise. Ils eurent beaucoup à souffrir dans leur voyage : les pluies furent continuelles, et le pain leur manqua souvent; lorsque leurs forces étoient épuisées, Xavier animoit les autres, et se soutenoit lui même par l'esprit apostolique dont Dieu le remplit dès lors, et qui lui faisoit déjà aimer les fatigues et les souffrances.

Etant arrivé à Rome, son premier soin fut de visiter les Eglises et de se consacrer au ministère évangélique sur le sépulcre des saints Apôtres. Il eut occasion de parler plus d'une fois devant le pape. Le souverain pontife accorda à ceux de la compagnie qui n'étoient point dans les ordres sacrés, la permission de les recevoir de tout évêque catholique. De retour à Venise, Xavier fut ordonné prêtre, le jour de saint Jean-Baptiste 1537, et tous firent vœu de chasteté, de pauvreté et d'obéissance entre les mains du nonce. Xavier se retira dans un village éloigné d'environ quatre milles de Padoue, pour se préparer à célébrer sa première messe. Il y passa quarante jours dans une pauvre chaumière abandonnée, exposé à toutes les injures de l'air, couchant sur la terre, et ne vivant que de ce qu'il mendioit de porte en porte.

Cependant Ignace fit partir tous ses compagnons pour Vicence. Xavier s'y rendit après sa retraite, et il y dit sa première messe, mais avec une telle abondance de larmes, qu'il fit pleurer tous ceux qui y assistèrent. Il se livra aux exercices de la charité et aux fonctions du saint ministère à Bologne, et il seroit difficile d'exprimer toutes les bonnes œuvres qu'il fit dans cette ville. La maison où il demeuroit fut depuis donnée aux Jésuites, et convertie en un oratoire qu'on fréquentoit avec beaucoup de dévotion.

Ignace fit venir Xavier à Rome, dans le carême de l'année suivante. Tous les Pères de la compagnie naissante s'y étoient rassemblés pour délibérer sur la fondation de leur ordre. Leurs délibérations furent accompagnées de prières, de larmes, de veilles, de pénitences austères. Tout leur désir étoit de plaire à Dieu, de chercher sa plus grande gloire et la sanctification des ames. Comme il s'étoit écoulé un an sans qu'ils trouvassent l'occasion de passer en Palestine, et que l'exécution de leur projet étoit devenue impraticable, à cause de la guerre qui venoit de s'allumer entre les Vénitiens et les Turcs, ils offrirent leurs services au pape, en le priant de les employer de la manière qu'il jugeroit la plus utile au salut du prochain. Leurs offres furent acceptées; ils eurent ordre de prêcher dans Rome, jusqu'à ce que sa sainteté en eût autrement décidé. Xavier exerça son ministère dans l'église de Saint-Laurent *in Damaso*. On y admira tout à la fois son zèle et sa charité.

Il prêcha avec plus de vigueur et plus de véhémence que jamais. La mort, le jugement et l'enfer, étoient le sujet ordinaire de ses discours. Il proposoit ces vérités terribles simplement, mais d'une manière si touchante, que le peuple, qui venoit en foule à ses sermons, sortoit toujours de l'Eglise, gardant un profond silence, et songeant bien moins à louer le prédicateur qu'à se convertir.

La famine qui désola Rome alors, donna lieu auxdits prêtres étrangers de soulager une infinité de misérables qui languissoient sans aucun secours dans les places de la ville. Xavier fut le plus ardent à leur chercher des lieux de retraite, et à leur procurer des aumônes pour les faire subsister : il les portoit lui-même sur ses épaules aux maisons qui leur étoient destinées, et leur rendoit là tous les services imaginables.

Govéa, Portugais, qui avoit été principal du collége de Sainte-Barbe, à Paris, se trouvoit alors à Rome : Jean III, roi de Portugal, l'y avoit envoyé pour quelques affaires très-importantes. Il avoit connu à Paris Ignace, Xavier et le Fèvre, et il se ressouvenoit des grands exemples de vertus qu'ils avoient donnés. Frappé du bien qu'ils faisoient à Rome, il écrivit au roi son maître, que des hommes si éclairés, si humbles, si charitables, si zélés, si infatigables, si avides de croix, et qui ne se proposoient que la gloire de Dieu, étoient propres à aller planter la foi dans les Indes orientales. Cette lettre fit grand plaisir au prince. Il chargea D. Pedro Mascaregnas, son ambassadeur à Rome, de lui obtenir six de ces hommes apostoliques pour la mission dont lui avoit parlé Govéa. Saint Ignace n'en put accorder que deux ; il désigna Simon Rodriguez, Portugais, et Nicolas Bobadilla, Espagnol. Le premier partit sans délai pour Lisbonne. Bobadilla, qui ne devoit partir qu'avec l'ambassadeur, tomba malade.

Ignace, voyant Bobadilla hors d'état de se mettre en chemin, pensa devant Dieu à remplir sa place, ou plutôt à choisir celui que Dieu même avoit élu. Un rayon céleste l'éclaira d'abord, et lui fit connoître que François Xavier étoit ce vaisseau d'élection. Il l'appelle au même moment ; et, tout rempli de l'esprit divin : « Xavier, lui dit-il, j'avois nommé
» Bobadilla pour les Indes ; mais le ciel
» vous nomme aujourd'hui, et je vous
» l'annonce de la part du vicaire de
» Jésus-Christ. Recevez l'emploi dont
» Sa Sainteté vous charge par ma
» bouche, comme si Jésus-Christ vous
» le présentoit lui-même, et réjouissez-
» vous d'y trouver de quoi satisfaire ce
» désir ardent que nous avions tous de
» porter la foi au-delà des mers. Ce n'est

» pas ici seulement la Palestine, ni une
» province de l'Asie, ce sont des terres
» immenses et des royaumes innom-
» brables, c'est un monde entier. Il n'y
» a qu'un champ si vaste qui soit digne
» de votre courage et de votre zèle.
» Allez, mon frère, où la voix de Dieu
» vous appelle, où le Saint-Siége vous
» envoie, et embrasez tout du feu qui
» vous brûle. »

Xavier, attendri et confus du discours d'Ignace, répondit, les larmes aux yeux et la rougeur sur le front, qu'il ne pouvoit assez s'étonner qu'on pensât à un homme aussi foible et aussi lâche que lui, pour un emploi qui ne demandoit pas moins qu'un apôtre; qu'il étoit pourtant prêt à obéir aux ordres du ciel, et qu'il s'offroit de bon cœur à tout pour le salut des Indiens. Ensuite, faisant éclater la joie qu'il sentoit au fond de l'ame, il dit confidemment à son père Ignace que ses vœux étoient accomplis; que depuis long-temps il soupiroit après les Indes, sans oser le dire, et qu'il espéroit recevoir dans les terres idolâtres la grâce de mourir pour Jésus-Christ.

Il ajouta, dans le transport où il étoit,

qu'il voyoit clairement ce que Dieu lui avoit montré plusieurs fois sous des figures mystérieuses.

Il avoit vu une fois entre autres, durant son sommeil, ou dans une extase, de vastes mers pleines de tempêtes et d'écueils, des îles désertes, des terres barbares, et par-tout la faim, la soif et la nudité, avec des travaux infinis, des persécutions sanglantes, et des dangers de mort évidens.

A cette vue, il s'écria : *Encore plus, Seigneur, encore plus*, et le père Simon Rodriguez entendit distinctement ces paroles; mais quelque instance qu'il fît pour savoir ce qu'elles signifioient, il ne le sut point alors, et Xavier ne lui en révéla le mystère, qu'en s'embarquant pour les Indes.

Ces idées, dont Xavier étoit rempli, le faisoient parler, à toute heure, du Nouveau Monde et de la conversion des infidèles : il n'en parloit point, au reste, que son visage ne s'enflammât, et que les larmes ne lui vinssent aux yeux.

Comme Xavier ne fut averti pour le voyage des Indes que la veille du départ de Mascaregnas, il n'eut que le temps qu'il falloit pour faire raccommoder sa soutane, pour dire adieu à ses amis, et pour aller baiser les pieds au Saint-Père.

Paul III, ravi de voir, sous son pontificat, la porte ouverte à l'Evangile dans les Indes orientales, le reçut avec une bonté toute paternelle, et l'excita à prendre des sentimens dignes d'une si haute entreprise, lui disant, pour l'encourager, que la Sagesse éternelle nous donne toujours de quoi remplir les emplois qu'elle nous destine, quand même ils seroient au-dessus des forces humaines; qu'à la vérité il trouveroit bien des occasions de souffrir, mais que les affaires de Dieu ne réussissoient que par la voie des souffrances, et qu'on ne devoit prétendre à l'honneur de l'apostolat, qu'en suivant les traces des Apôtres, dont la vie avoit été une croix et une mort continuelles; que le Ciel l'envoyoit sur les pas de l'apôtre des Indes, saint Thomas, à la conquête des ames; qu'il travaillât généreusement à faire revivre la foi dans les terres où ce grand apôtre l'avoit plantée; et que, s'il lui falloit répandre son sang pour la gloire de Jésus Christ, il s'estimât heureux de mourir martyr.

Il semble que Dieu parla lui-même par la bouche de son vicaire, tant ces paroles firent d'impression sur l'esprit et sur le cœur de Xavier. Elles le remplirent d'une force toute divine ; et, en répondant à Sa Sainteté, il fit paroître, avec une humilité profonde, une telle grandeur d'ame, que Paul III eut dès-lors comme un présage certain des événemens merveilleux qui arrivèrent dans la suite. Aussi le Saint-Père, après lui avoir souhaité une spéciale assistance de Dieu dans tous ses travaux, l'embrassa tendrement plus d'une fois, et lui donna sa bénédiction.

Xavier partit, en la compagnie de Mascaregnas, le 15 Mars de l'année 1540, sans autre équipage qu'un bréviaire. En disant le dernier adieu au père Ignace, il se jeta à ses pieds, et lui demanda sa bénédiction ; et, en prenant congé de Laynez, il lui mit entre les mains un petit mémoire qu'il avoit écrit et signé. Ce mémoire, qui se conserve encore à Rome, porte qu'il approuve, autant qu'il dépend de lui, la règle et les constitutions qui seront dressées par Ignace et par ses compagnons ; qu'il élit

Ignace général, et le Fèvre au défaut d'Ignace, et qu'il se consacre à Dieu par les trois vœux de pauvreté, de chasteté et d'obéissance.

Le voyage de Rome à Lisbonne fut toujours par terre, et dura plus de trois mois. On avoit donné un cheval à Xavier, par l'ordre de l'ambassadeur; mais dès qu'on fut en chemin, ce cheval devint commun. Le père descendoit souvent pour soulager les valets qui suivoient à pied, ou changeoit de cheval avec ceux qui n'étoient pas bien montés. Il cédoit sa chambre et son lit aux gens qui n'en avoient point, et ne couchoit guère qu'à terre ou sur la paille dans une écurie : toujours gai, au reste, et tenant des discours agréables, qui faisoient rechercher sa compagnie, mais y mêlant toujours quelque chose qui édifioit les maîtres et les serviteurs, et qui inspiroit des sentimens de piété aux uns et aux autres.

Ils allèrent par Lorette, où ils demeurèrent plus de huit jours, et après ils continuèrent leur chemin par Bologne. Xavier écrivit de là au père Ignace, et il le fit en ces termes :

« J'ai reçu, le saint jour de Pâques, la

» lettre que vous m'avez écrite, et que
» vous m'avez envoyée dans le paquet
» de M. l'ambassadeur : Dieu seul sait
» quelle a été ma joie en la recevant.
» Comme je ne crois pas que nous trai-
» tions jamais ensemble sur la terre que
» par lettres, ni que nous nous voyions
» qu'au ciel, il faut que, durant le peu
» de temps qui nous reste à vivre en ce
» lieu de bannissement, nous nous conso-
» lions l'un l'autre par des lettres fort
» fréquentes. Je serai, de mon côté,
» très-exact ; car étant persuadé de ce
» que vous me dites si sagement à mon
» départ, qu'il doit y avoir un commerce
» réglé et une correspondance mutuelle
» entre les colonies et les métropoles,
» ainsi qu'entre les filles et les mères,
» j'ai résolu, en quelque pays du monde
» que je sois, ou que soit avec moi une
» partie de notre société, d'avoir des
» liaisons étroites avec vous et avec les
» pères de Rome, et de vous mander de
» nos nouvelles le plus en détail qu'il sera
» possible. . . .
» Pour M. l'ambassadeur, il me com-
» ble de tant de grâces, que je ne fini-
» rois jamais, si je voulois vous les ra-

» conter; et je ne sais comment je
» pourrois souffrir tous les bons offices
» qu'il me rend, si je n'espérois de les
» payer dans les Indes aux dépens de ma
» vie même. Le dimanche des Rameaux,
» j'entendis sa confession et celle de
» plusieurs de ses domestiques; je les
» communiai ensuite dans la sainte cha-
» pelle de Lorette, où je dis la messe:
» je les confessai encore et je leur donnai
» la Communion le jour de Pâques. L'au-
» mônier de M. l'ambassadeur se recom-
» mande fort à vos prières; il me pro-
» met de venir avec moi aux Indes. Je
» suis ici plus occupé à confesser que
» je n'étois à Rome dans Saint-Louis. Je
» salue de tout mon cœur tous nos
» pères; et, si je ne les nomme pas
» chacun par leur nom, je les prie de
» croire que ce n'est pas manque de sou-
» venir.
» De Bologne, le 31 de Mars 1540. »

« Votre frère et serviteur en Jésus-Christ. »

« FRANÇOIS.

Toute la ville de Bologne se remua au passage de Xavier; elle lui étoit très-affectionnée, et le regardoit, en quelque sorte, comme son apôtre. Les petits et les grands voulurent le voir; la plupart lui découvrirent l'état de leur conscience; plusieurs s'offrirent à lui pour aller aux Indes : tous pleurèrent en le voyant partir, pensant qu'ils ne le reverroient jamais. Jérôme Casalini, curé de Sainte-Luce, qui l'avoit logé l'année précédente, fut celui qui lui témoigna le plus d'amitié; il l'obligea encore de prendre sa maison, et c'est dans son église que Xavier entendit les confessions d'une infinité de personnes.

Il arriva, durant le reste du voyage, deux ou trois choses assez remarquables. Un des domestiques de l'ambassadeur, celui qui préparoit les logemens dans les lieux où passoit le train, homme violent et brutal, ayant été repris par son maître pour n'avoir pas bien fait un jour son devoir, s'emporta furieusement dès qu'il fut hors de la présence de Mascaregnas. Xavier l'entendit, et ne lui dit rien sur-le-champ, de peur de l'irriter davantage; mais, le lendemain, quand cet homme eut pris les devans, selon sa coutume, il le suivit à toute bride. Il le rencontra abattu sous son cheval, qui étoit tombé du haut d'un rocher, et qui avoit crevé en tombant : *Misérable*, lui dit-il, *que seriez-vous devenu, si vous étiez mort de cette chute?* Ce peu de paroles lui fit reconnoître son emportement et en demander pardon à Dieu de bon cœur. Xavier, étant descendu ensuite de cheval, le mit dessus, et le conduisit à pied jusqu'au gîte.

Un autre jour, l'écuyer de Mascaregnas ayant voulu passer à cheval une petite rivière assez profonde et assez rapide, le courant de l'eau l'emporta avec son cheval, et tout le monde le crut perdu. Xavier, touché du péril où étoit le salut d'un homme mondain, qui avoit été appelé de Dieu à la vie religieuse, et qui n'avoit pas suivi le mouvement de la grâce, se mit en prière pour lui. L'ambassadeur, qui aimoit fort son écuyer, s'y mit aussi, et y fit mettre tous ses gens. A peine eût-on imploré le secours du ciel, que l'homme et le cheval, qui commençoient à se noyer, revinrent sur l'eau, et furent portés au bord de la rivière : on tira l'écuyer tout pâle et à demi mort.

Dès qu'il eut recouvré ses sens, Xavier lui demanda quelles pensées il avoit eues, étant sur le point de périr. Il avoua franchement que la religion où Dieu l'appeloit s'étoit présentée à son esprit, et qu'il avoit eu un très-grand scrupule d'avoir négligé l'occasion de son salut. Il protesta ensuite, ainsi que Xavier raconte lui-même en une de ses lettres, que, dans ce moment fatal, les remords de sa conscience, et les jugemens de Dieu sur les ames infidèles à leur vocation, lui avoient fait plus de peine que toute l'horreur de la mort. Il parloit des supplices éternels d'une manière vive et ardente, comme s'il les eût expérimentés et qu'il fût revenu de l'enfer. Il disoit même souvent, au rapport du Saint, que, par un juste châtiment du Ciel, ceux qui, pendant leur vie, ne se disposoient point à la mort, n'avoient pas le temps de penser à Dieu quand la mort les surprenoit.

L'ambassadeur et tous ses gens ne doutèrent pas que les mérites du saint homme n'eussent sauvé l'écuyer; mais

Xavier croyoit que c'étoit un effet de la piété de l'ambassadeur ; et c'est ce qu'il manda au père Ignace : « Notre - Sei-
» gneur a bien voulu exaucer les prières
» ferventes que son serviteur Mascare-
» gnas lui a faites, les larmes aux yeux,
» pour la vie de ce misérable, dont nous
» n'espérions plus rien, et qui a été dé-
» livré de la mort par un miracle mani-
» feste. »

Au passage des Alpes, le secrétaire de l'ambassadeur ayant mis pied à terre en un chemin difficile que les neiges empê-choient de reconnoître, le pied lui manqua sur une pente assez roide : il roula dans un précipice ; et il auroit été jus-qu'au fond, si, en tombant, ses habits ne se fussent pris à des pointes de rocher, où il demeura suspendu, sans pouvoir se dégager, ni remonter de lui-même. Ceux qui le suivoient coururent à lui ; mais la profondeur de l'abîme effraya les plus hardis. Xavier, qui survint, ne balança pas un moment : il descendit dans le précipice, et, tendant la main au secrétaire, l'en retira peu-à-peu.

Etant sortis de France, et ayant passé les Pyrénées du côté de la Navarre, lorsqu'ils approchoient de Pampelune ; Mascaregnas fit réflexion que le père François (c'est ainsi qu'on appeloit Xavier communément) ne parloit point d'aller au château de Xavier, qui étoit peu éloigné de leur chemin. Il l'en avertit, et l'en pressa même, jusqu'à lui représenter que, quittant l'Europe pour n'y revenir peut-être jamais, il ne pouvoit pas se dispenser honnêtement de rendre une visite à sa famille, et de dire un dernier adieu à sa mère, qui vivoit encore.

Les remontrances de l'ambassadeur ne firent aucun effet sur cet homme. Il suivit le droit chemin, et dit seulement à Mascaregnas, qu'il se réservoit à voir ses parens au Ciel, non en passant et avec le chagrin que les adieux causent d'ordinaire, mais pour toujours et avec une joie toute pure.

Mascaregnas fut très-édifié d'un pareil détachement du monde ; touché des exemples et des instructions de Xavier, il résolut de se donner à Dieu sans réserve.

Ils arrivèrent à Lisbonne sur la fin de Juin. Xavier alla joindre Rodriguez, qui logeoit dans un hôpital pour instruire et servir les malades. Quoiqu'ils fissent dans ce lieu leur demeure ordinaire, cela ne les empêchoit pas de faire le catéchisme et des instructions dans les différens quartiers de la ville. Les dimanches et les fêtes, ils entendoient les confessions à la cour; car le roi et plusieurs personnes de la cour, qu'ils avoient engagés à tendre à la perfection, se confessoient et communioient tous les huit jours.

Rodriguez et Xavier montroient tant de zèle pour le salut des ames, et y travailloient avec tant de succès, que le roi vouloit les retenir dans son royaume; mais il fut décidé que le premier resteroit, et que le second iroit aux Indes. Xavier passa huit mois à Lisbonne, parce que la flotte ne devoit partir qu'au printemps prochain.

Le temps de l'embarquement étant venu, il fut appelé un jour au palais: le roi l'entretint à fond de l'état des Indes, et lui recommanda particulièrement ce qui touchoit la religion. Il le chargea même de visiter les forteresses des Portugais, et d'oberver si Dieu y étoit servi:

de voir aussi ce qu'on pouvoit faire pour bien établir le christianisme dans les nouvelles conquêtes, et d'écrire souvent sur cela, non seulement à ses ministres, mais à sa propre personne.

Il lui présenta ensuite quatre brefs expédiés à Rome la même année, dans deux desquels le souverain Pontife faisoit Xavier nonce apostolique, et lui donnoit des pouvoirs très-amples pour étendre et pour maintenir la foi en tout l'Orient. Sa Sainteté le recommandoit, dans le troisième, à David, empereur d'Ethiopie; et dans le quatrième, à tous les princes qui possédoient les îles de la mer ou de la terre-ferme, depuis le Cap de bonne-Espérance jusqu'au delà du Gange.

Jean III avoit demandé ces brefs, et le pape les avoit accordés libéralement, dans le dessein de rendre la mission du père François plus illustre et plus authentique. Le père les reçut de la main du prince avec un profond respect, et lui dit qu'autant que sa foiblesse le pourroit permettre, il tâcheroit de soutenir le fardeau dont Dieu et les hommes le chargeoient.

Peu de jours avant l'embarquement,

don Antoine d'Ataïde, comte de Castagnera, qui avoit l'intendance des provisions de l'armée navale, avertit Xavier de faire un mémoire des choses qui lui étoient nécessaires pour le voyage, et l'assura de la part du roi, que rien ne lui manqueroit. *On ne manque de rien, repartit le prince en souriant, quand on n'a pas besoin de rien. Je suis très-obligé au roi de sa libéralité, et je vous le suis de vos soins ; mais je dois encore davantage à la Providence, et vous ne voulez pas que je m'en défie.*

Le comte de Castagnera, qui avoit un ordre exprès de fournir tout abondamment au père Xavier, lui fit de fortes instances, et le pressa tant de prendre quelque chose, de peur, disoit-il, de tenter la Providence, qui ne fait pas toujours des miracles, que Xavier, pour ne pas paroître opiniâtre ou présomptueux, demanda quelques petits livres de piété, dont il prévoyoit qu'il auroit besoin dans les Indes, et un habit de gros drap contre tous les froids excessifs qu'on a à souffrir au delà du Cap de Bonne-Espérance.

Le comte, étonné de ce que le père ne

demandoit rien davantage, le supplia d'user mieux des offres qu'on lui avoit faites. Mais voyant que toutes les prières étoient inutiles: *Vous ne serez pas tout-à-fait le maître*, lui dit-il avec un peu de chaleur, *et du moins vous ne refuserez pas un valet dont vous ne sauriez vous passer.*

Tandis que j'aurai ces deux mains, répliqua Xavier, *je n'aurai point d'autre valet. Mais la bienséance veut que vous en ayez*, reprit le comte, *car enfin vous avez une dignité que vous ne devez pas avilir, et il seroit honteux de voir un légat apostolique laver son linge à bord d'un navire, et s'apprêter lui-même à manger. Je prétends bien*, dit Xavier, *me servir et servir les autres, sans déshonorer mon caractère; pourvu que je ne fasse point de mal, je ne crains pas de scandaliser le prochain, ni de perdre l'autorité que le Saint-Siége m'a commises.*

Le jour du départ arriva enfin, et, tout étant prêt pour mettre à la voile, Xavier se rendit au port avec les deux compagnons qu'il menoit aux Indes: le père Paul de Camerin, italien; et François Mansilla, portugais, qui n'étoit pas encore prêtre. Simon Rodriguez le conduisit jusqu'à la flotte, et c'est là que, s'embrassant tous deux tendrement : *Mon frère, dit Xavier, voici les dernières paroles que je vous dirai jamais. Nous ne nous verrons plus en ce monde, souffrons patiemment notre séparation; car il est certain qu'étant bien unis à Dieu, nous serons unis ensemble, et que rien ne pourra nous séparer de la société que nous avons en Jésus-Christ.*

Je veux, au reste, pour votre consolation, ajouta-t-il, *vous découvrir un secret que je vous ai caché jusqu'à cette heure. Il vous souvient que, lorsque nous étions dans un hôpital de Rome, vous me ouïtes crier une nuit :* Encore plus, Seigneur, encore plus. *Vous m'avez demandé souvent ce que cela vouloit dire, et je vous ai toujours répondu que vous ne deviez pas vous en mettre en peine. Sachez maintenant que je vis alors, ou endormi, ou éveillé, Dieu le sait, tout ce que je devois souffrir pour la gloire de Jésus-Christ: Notre-Seigneur me donna tant de goût pour les souffrances, que ne pouvant me *rassasier de celles qui s'offroient à moi, j'en désirai davantage ; et c'est le sens de ces mots que je prononçai avec tant d'ardeur :* Encore plus, encore plus. *J'espère que la divine Bonté m'accordera dans les Indes ce qu'elle m'a montré en Italie, et que ces désirs, qu'elle m'a inspirés, seront bientôt satisfaits.*

Après ces paroles, ils s'embrassèrent tout de nouveau, et se séparèrent les larmes aux yeux. Dès que Rodriguez s'en fut retourné, on donna le signal pour partir, et on leva l'ancre. La flotte fit voile le 7 avril de l'année 1541, sous la conduite de don Martin Alphonse de Sosa, vice-roi des Indes, homme d'une probité reconnue, et d'une expérience consommée, sur-tout en ce qui regardoit le Nouveau-Monde, où il avoit passé plusieurs années de sa vie. Il voulut avoir le père Xavier avec lui dans la capitane appelée Saint-Jacques. Xavier entra, ce jour-là, qui étoit celui de sa naissance, dans sa trente-sixième année : il avoit demeuré huit mois entiers à Lisbonne, et il y avoit plus de sept ans qu'il étoit au nombre des disciples d'Ignace de Loyola.

LIVRE SECOND.

Xavier ne demeura pas oisif durant le cours de la navigation : son premier soin fut d'arrêter les désordres que l'oisiveté produit d'ordinaire sur les vaisseaux, et il commença par le jeu, qui est le seul divertissement, ou plutôt, toute l'occupation des gens de mer.

Pour bannir les jeux de hasard qui donnent presque toujours lieu aux querelles et aux juremens, il proposa de petits jeux innocens, capables d'amuser l'esprit sans remuer trop les passions; mais quand, malgré lui, on jouoit aux cartes ou aux dés, il ne laissoit pas de voir jouer, afin de retenir les joueurs par sa présence ; et, s'ils s'emportoient, il les ramenoit par des remontrances douces et honnêtes. Il témoignoit prendre intérêt à leur gain ou à leur perte, et il s'offroit quelquefois de tenir leur jeu.

Il y avoit bien, dans la capitane, mille personnes de toute sorte de conditions.

Le père se fit tout à tous pour les gagner tous à Jésus-Christ, entretenant les uns et les autres de ce qui leur convenoit davantage ; parlant de marine avec les matelots, de guerre avec les soldats, de commerce avec les marchands, et d'affaires d'état avec la noblesse. Sa complaisance et sa gaieté naturelle le faisoient aimer de tout le monde : les plus libertins et les plus brutaux recherchoient sa conversation, et prenoient même plaisir à l'entendre parler de Dieu.

Il instruisoit tous les jours les matelots des principes de la foi, que la plupart ignoroient ou ne savoient guère bien, et il prêchoit, toutes les fêtes, au pied du grand mât. Chacun profitoit des enseignemens du prédicateur, et en peu de temps on n'ouït plus, parmi eux, rien qui blessât ni l'honneur de Dieu, ni la charité du prochain, ni même la pureté et la bienséance. Ils avoient pour lui un très-grand respect, et d'un mot il apaisoit leurs querelles, et terminoit tous leurs différends.

Le vice-roi don Martin Alphonse de Sosa voulut, dès les premiers jours, le faire manger à sa table; mais Xavier l'en remercia très-humblement, et ne vécut, pendant le voyage, que de ce qu'il mendioit dans le navire.

Cependant les froids insupportables du Cap-Vert, et les chaleurs excessives de la Guinée, avec l'eau douce et les viandes qui se corrompirent sous la ligne, causèrent de très-fâcheuses maladies. La plus commune étoit une fièvre pestilente, accompagnée d'une espèce de chancre qui se formoit dans la bouche, et qui ulcéroit toutes les gencives. Les malades mêlés ensemble, s'infectoient les uns les autres; et, comme on craignoit de gagner leur mal, on les auroit abandonnés, si le père François n'eût eu pitié d'eux. Il les essuyoit dans leurs sueurs, il nettoyoit leurs ulcères, il lavoit leurs linges, et il leur rendoit les services les plus abjects : mais il avoit soin sur-tout de leurs consciences, et sa principale occupation étoit de les disposer à mourir chrétiennement.

Le père, au reste, faisoit tout cela étant incommodé d'un vomissement continuel et d'une extrême langueur, qui lui durèrent deux mois entiers. Pour le soulager, Sosa lui fit donner une chambre plus grande et meilleure que celle qu'on lui avoit assignée d'abord ; il la prit, mais il y mit les plus malades ; et pour lui, il coucha toujours sur le tillac, sans autre oreiller que les cordages du navire.

Il recevoit aussi les plats que le vice-roi lui envoyoit de sa table, et il les distribuoit à ceux qui avoient le plus besoin de nourriture. Tant d'actions de charité le firent surnommer, dès-lors, le saint Père ; et ce nom lui demeura le reste de ses jours, même parmi les Mahométans et les idolâtres.

Tandis que Xavier s'occupoit ainsi, la flotte suivoit son chemin au travers des écueils, des tempêtes, des courans d'eau. Après cinq mois de continuelle navigation, elle arriva au Mozambique vers la fin d'Août.

Le Mozambique est un royaume dans la côte orientale de l'Afrique, habité des nègres, gens barbares, mais qui ne le sont pas toutefois tant que les Cafres, leurs voisins, à cause du commerce qu'ils ont perpétuellement avec les Éthiopiens et les Arabes. Il n'y a sur la côte aucun port où les vaisseaux puissent être à l'abri des vents ; mais une petite île en forme un, et très-commode et très-sûr.

Cette île, qui n'est éloignée de la terre-ferme que d'un mille au plus, porte le nom de Mozambique, comme le royaume. Elle étoit autrefois sous la domination des Sarrasins, et un shérif maure y commandoit. Les Portugais s'en rendirent maîtres depuis, et y bâtirent une forteresse pour assurer le passage de leurs vaisseaux, et pour rafraîchir leurs troupes, qui s'y arrêtent ordinairement quelques jours.

L'armée de Sosa fut contrainte d'hiverner au Mozambique, non-seulement parce que la saison étoit déjà fort avancée, mais encore parce que les malades ne pouvoient plus supporter les incommodités de la mer. Ce lieu, néanmoins, n'étoit pas fort propre à des personnes infirmes; l'air y est tellement malsain, que le Mozambique est appelé la sépulture des Portugais. Outre l'intempérie naturelle de l'air, il y avoit même, en ce temps-là, une maladie contagieuse dans le pays.

Dès qu'on eut pris terre, Sosa fit transporter les malades de chaque navire à l'hôpital qui est dans l'île, et dont les rois de Portugal sont les fondateurs. Le père Xavier les suivit, et avec ses deux compagnons il entreprit de les servir tous. L'entreprise surpassoit ses forces ; mais l'esprit soutient le corps dans les hommes apostoliques, et la charité peut tout.

Animé donc d'une nouvelle ferveur, il alloit de salle en salle, et de lit en lit, faisant prendre aux uns les remèdes qui leur étoient ordonnés, et administrant les derniers sacremens aux autres. Chacun vouloit l'avoir auprès de soi, et ils disoient que la vue seule de son visage leur valoit mieux que tous les remèdes.

Ayant passé tout le jour dans un travail continuel, il veilloit la nuit les moribonds, ou se couchoit près des plus malades, pour prendre un peu de repos ; mais son sommeil étoit interrompu à toute heure : au moindre cri, au moindre soupir, il s'éveilloit et couroit à eux.

Tant de fatigues accablèrent enfin la nature, et il tomba lui-même malade d'une fièvre si violente et si maligne, qu'on le saigna sept fois en fort peu de temps, et qu'il fut trois jours en délire. Au commencement de son mal, plusieurs personnes voulurent le retirer de l'hôpital, où l'infection étoit effroyable, et lui offrirent leur logis : il refusa constamment leurs offres, et leur dit qu'ayant fait vœu de pauvreté, il vouloit vivre et mourir parmi les pauvres.

Mais quand la violence du mal fut un peu passée, le Saint s'oublia lui-même pour songer aux autres : quelquefois ne pouvant se soutenir, et brûlant de la chaleur de la fièvre, il visitoit ses chers malades, et les servoit autant que lui permettoit sa foiblesse. Le médecin l'ayant rencontré, un jour qu'il alloit et venoit dans le fort de son accès, dit, après lui avoir tâté le pouls, qu'il n'y avoit personne à l'hôpital plus dangereusement malade que lui, et le pria de se donner un peu de repos, du moins jusqu'à ce que la fièvre fût sur son déclin.

« Je vous obéirai ponctuellement, re-
» partit le père, dès que j'aurai satis-
» fait à un devoir qui me presse : il y
» va du salut d'une ame, et il n'y a
» pas de temps à perdre. » Au même moment, il fait porter sur son lit un pauvre garçon de l'équipage, qui étoit étendu à terre sur un peu de paille, avec

une fièvre ardente, sans parole et sans connoissance. Le jeune homme ne fut pas plutôt sur le lit du Saint, qu'il revint à lui. Xavier profita de l'occasion, et, se couchant auprès du malade, qui avoit mené une vie fort dissolue, l'exhorta si bien toute la nuit à détester ses péchés et à espérer en la miséricorde de Dieu, qu'il le vit mourir dans de grands sentimens de douleur et de confiance.

Du reste, le Père garda la parole qu'il avoit donnée au médecin, et se ménagea ensuite davantage ; de sorte que sa fièvre diminua beaucoup, et s'en alla même tout-à-fait. Mais ses forces n'étoient pas encore revenues, qu'il lui fallut se remettre en mer. Le vice-roi, qui commençoit à se porter mal, ne voulut pas demeurer plus long-temps dans un lieu si infecté, ni attendre la guérison de ses gens pour continuer son voyage. Il pria Xavier de l'accompagner et de laisser avec les malades Paul de Camerin et François Masilla, qui faisoient très-bien leur devoir dans l'hôpital.

Ainsi, après avoir fait six mois de séjour au Mozambique, ils s'embarquèrent tous de nouveau, le 15 Mars de l'année 1542, non dans le Saint Jacques, sur lequel ils étoient venus, mais dans un autre vaisseau plus léger, et qui alloit mieux à la voile.

Le navire qui portoit Sosa et Xavier eut le vent si favorable, qu'en deux ou trois jours il gagna Mélinde, sur la côte d'Afrique, vers la ligne équinoxiale : c'est une ville des Sarrasins, au bord de la mer, dans un terrain plat, bien cultivé, planté partout de palmiers, et orné de très-beaux jardins.

Les habitans ont toujours bien vécu avec les Portugais, et le commerce entretient les deux nations dans une très-bonne intelligence. Dès que la bannière de Portugal parut au port, le roi Sarrasin s'y rendit avec toute sa cour, pour recevoir lui-même le nouveau gouverneur des Indes. Le premier objet qui se présenta au père François, à la sortie du vaisseau, lui tira des larmes des yeux, mais des larmes de joie et de compassion tout ensemble. Comme les Portugais trafiquent là continuellement, et qu'il y en meurt toujours quelques-uns, ils ont un cimetière auprès de la ville, plein de croix dressées sur les tombes, selon l'usage des catholiques, et il y avoit une grande croix de pierre au milieu des autres, fort bien faite et toute dorée.

Le Saint y courut, et l'adora, consolé intérieurement de la voir si élevée et comme triomphante parmi les ennemis de Jésus-Christ : mais il eut en même temps une sensible douleur que le signe du salut servît moins là pour édifier les vivans que pour honorer les morts ; et, levant les mains au ciel, il pria le père des miséricordes d'imprimer dans le cœur des infidèles la croix qu'ils avoient souffert que l'on plantât sur leur terre.

Il pensa ensuite à conférer de la religion avec les Maures, pour tâcher de leur faire voir les extravagances du mahométisme, et pour avoir occasion de leur expliquer les vérités de la foi chrétienne. Un des principaux de la ville, et des plus zélés pour sa secte, le prévint, et lui demanda d'abord si la piété étoit éteinte dans les villes de l'Europe comme elle l'étoit à Mélinde : « Car enfin, disoit-il, de dix-sept mosquées que nous avons, il y en a quatorze

» qui sont désertes, et trois seulement
» où l'on va ; encore ces trois sont visi-
» tées de peu de personnes. Cela vient,
» sans doute, ajouta le Mahométan, de
» quelque énorme péché ; mais je ne
» sais quel il est ; et quelques réflexions
» que je fasse, je ne vois pas ce qui
» peut nous avoir attiré un si grand
» malheur.

» Il n'y a rien de plus clair, *repartit*
» *Xavier* ; Dieu qui a en horreur la
» prière des Infidèles, laisse périr parmi
» vous un culte qui ne lui plaît pas,
» et fait entendre par-là qu'il réprouve
» votre secte. » Le Sarrasin ne se rendit pas à cette raison, ni à tout ce que dit Xavier contre l'alcoran. Lorsqu'ils disputoient ensemble, un cacique ou docteur de la loi, survint. Ayant fait la même plainte touchant la solitude des mosquées et le peu de dévotion du peuple : « J'ai pris mon parti, *dit il* ; et si,
» dans deux ans, Mahomet ne vient
» en personne visiter les fidèles qui le
» reconnoissent pour le vrai prophète
» de Dieu, je chercherai assurément une
» autre religion que la sienne. Xavier eut pitié de la folie du cacique, et mit

tout en œuvre pour lui faire abjurer dès-lors le mahométisme ; mais il ne put rien gagner sur un esprit opiniâtre, que ses propres lumières aveugloient, et il se soumit aux ordres de la Providence, qui a marqué les momens de la conversion des pécheurs et des infidèles.

Etant partis de Mélinde, où ils ne furent que peu de jours, ils cotoyèrent toujours l'Afrique, et allèrent mouiller à Socotora. On ne sait pas précisément quelle religion ces peuples professent, tant elle est monstrueuse (1). Ils tiennent des Sarrasins le culte de Mahomet ; des Juifs, l'usage de la circoncision et des sacrifices ; mais ils se disent chrétiens. Les hommes portent le nom de l'un des apôtres, et la plupart des femmes celui de Marie, sans avoir néan-

---

(1) La variété innombrable de religions plus bizarres les unes que les autres, dont nous aurons occasion de parler dans cet ouvrage, montre dans quels égaremens tombe l'esprit humain, quand il n'est point éclairé des lumières de la foi. Nous ne voyons pas qu'aucune guérisse les passions ; toutes, au contraire, les entretiennent, et même les irritent. Mais nous voyons en même temps qu'il est si naturel aux hommes d'avoir une religion, qu'ils aiment mieux en avoir une fausse et absurde, que de n'en point avoir du tout.

moins nulle connoissance du baptême. Ils adorent la croix, et on leur en voit de petites pendues à leur cou. Ils révèrent principalement saint Thomas; et c'est une ancienne tradition parmi eux, que ce saint apôtre, allant aux Indes, fut jeté par une horrible tempête sur leurs côtes; qu'étant descendu à terre, il annonça Jésus-Christ aux Socotorins, et que, du débris de son navire, il bâtit une chapelle au milieu de l'île.

L'état de ces insulaires affligea sensiblement le père Xavier. Il ne désespéra pas pourtant qu'on ne pût réduire à la foi une nation qui, toute barbare qu'elle étoit, gardoit encore quelques marques du christianisme. Comme il ne savoit pas leur langue, qui n'a nul rapport à celle de l'Europe, et qui est même différente en tout de l'éthiopien et de l'arabe, il leur témoigna d'abord, par signes, la compassion qu'il avoit de leur ignorance et de leur égarement; ensuite, soit que quelqu'un d'eux sût le portugais et lui servît d'interprète, ou que dès-lors il reçut d'en-haut les prémices du don des langues, qui lui fut communiqué si abondamment aux Indes en diverses occasions, il leur parla de la nécessité du baptême, et leur fit entendre qu'on ne pouvoit se sauver sans croire sincèrement en Jésus-Christ ; mais que la foi ne souffroit point de mélange, et que, pour être chrétien, il falloit cesser d'être juif et mahométan.

Ses paroles firent impression sur l'esprit et sur le cœur des barbares. Les uns lui présentèrent de leurs fruits sauvages, pour marque de leur amitié; les autres lui offrirent leurs enfans, afin qu'il les baptisât : tous lui promirent de recevoir le baptême, et de vivre en véritables chrétiens, pourvu qu'il demeurât avec eux : mais quand ils virent que le galion portugais étoit sur le point de partir, ils coururent en foule au rivage, et conjurèrent le Saint, les larmes aux yeux, de ne les pas abandonner.

Ce spectacle attendrit Xavier; il pria instamment le vice roi de vouloir bien lui permettre de rester dans l'île, du moins jusqu'au passage des vaisseaux qu'on avoit laissés au Mozambique; mais il ne put obtenir ce qu'il demandoit, et Sosa lui dit que le Ciel l'ayant destiné aux Indes, ce seroit manquer à sa vocation que de prendre ainsi le change, et de s'arrêter au commencement de la carrière : que son zèle trouveroit ailleurs un plus vaste champ que Socotora, et des peuples mieux disposés que ces insulaires naturellement sauvages, et aussi prompts à quitter la foi qu'à la recevoir.

Xavier se rendit aux raisons du viceroi, qui fut pour lui, en cette rencontre, l'interprète de la volonté divine, et dans le même moment on mit à la voile. Le Saint ne put voir sans une vive douleur ces pauvres gens qui le suivoient des yeux et qui lui tendoient les bras. A mesure que le vaisseau s'éloignoit de l'île, il tournoit la tête de ce côté-là, et poussoit de profonds soupirs. Mais pour n'avoir rien à se reprocher touchant la conversion des Socotorins, il s'engagea devant Dieu à les revenir voir au plutôt, ou, s'il ne le pouvoit, à leur procurer des ministres évangéliques qui leur enseignassent la voie du salut.

La navigation fut de peu de jours. Après avoir traversé toute la mer d'Arabie et une partie de celle de l'Inde, ils arrivèrent au port de Goa, le 6 mai de l'année 1542, et le trezième mois depuis leur sortie du port de Lisbonne.

La ville de Goa est située au-deçà du Gange, dans une île qui porte le même nom, et qui domine sur celles que forme la mer en entrant par divers canaux dans la terre-ferme de Canara. C'étoit la capitale des Indes, le siège de l'évêque et du vice-roi, et le lieu de tout l'Orient le plus considérable pour le commerce. Elle avoit été bâtie par les Maures, quarante ans avant que les Européens passassent aux Indes; et l'année 1510, don Alphonse d'Abuquerque, surnommé le Grand, l'enleva aux Infidèles, et la soumit à la couronne de Portugal.

Ce fut alors que se vérifia la célèbre prophétie de l'apôtre saint Thomas, que la foi qu'il avoit plantée en divers royaumes de l'Orient y refleuriroit un jour; et c'est cette prédiction que le saint Apôtre laissa gravée sur une colonne de pierre vive, pour la mémoire des siècles à venir. La colonne n'étoit pas loin des murs de Méliapor, capitale du royaume de Coromandel; et l'on y lisoit, en caractères du pays, que quand la mer, éloignée de quarante milles, seroit venue au pied de la colonne, il viendroit aux

Indes, des hommes blancs étrangers, qui y rétabliroient la religion.

Les infidèles se moquèrent long-temps de la prophétie, ne jugeant pas qu'elle dût jamais s'accomplir, et y voyant même une espèce d'impossibilité. Elle s'accomplit néanmoins si juste, que, quand don Vasco de Gama aborda aux Indes, la mer, qui usurpe quelquefois sur le continent en mangeant peu à peu les terres, baignoit le pied de la colonne dont nous venons de parler.

Mais on peut dire que la prédiction de saint Thomas n'eut tout son effet qu'après la venue du père Xavier, conformément à une autre prophétie du saint homme Pierre de Couillan, religieux de la Trinité, qui, étant allé aux Indes, avec don Vasco de Gama, en qualité de son confesseur, fut martyrisé par les Indiens, le 7 Juillet de l'année 1497, quarante-trois ans avant la naissance de la Compagnie de Jésus, et qui, percé de flèches, lorsqu'il répandoit son sang pour Jésus-Christ, prononça distinctement ces paroles : « Dans peu d'années il
» naîtra en l'Eglise de Dieu une nouvelle
» religion de clercs, qui portera le nom

« de Jésus ; et un de ses premiers pères,
» conduit par le Saint-Esprit, pénétrera
» jusqu'aux contrées les plus éloignées
» des Indes orientales, dont la plus
» grande partie embrassera la foi ortho-
» doxe, par le ministère de ce prédica-
» teur évangélique (1). »

Xavier, en sortant du navire, alla prendre son logement à l'hôpital, malgré toutes les résistances du vice-roi, qui avoit envie de le loger ; mais il ne voulut pas commencer ses fonctions de missionnaire, qu'il n'eût rendu auparavant ses devoirs à l'évêque de Goa : c'étoit don Jean d'Albuquerque, religieux de Saint-François, homme de très-grand mérite, et un des plus vertueux prélats que l'Eglise ait eus.

Le père, après lui avoir expliqué les raisons pour lesquelles le souverain Pontife et le roi de Portugal l'avoient envoyé aux Indes, lui présenta les brefs de Paul III, et lui déclara qu'il ne prétendoit s'en

---

(1) Ce fait est rapporté par Jean de Figuera Carpi, dans l'Histoire de l'ordre de la Rédemption des captifs, dans les manuscrits du couvent de la Trinité à Lisbonne, et dans les mémoires de la bibliothèque du roi de Portugal.

servir qu'avec son agrément; il se jeta ensuite à ses pieds, et lui demanda sa bénédiction.

Le prélat édifié de la modestie du père, et frappé de je ne sais quel air de sainteté répandu sur son visage, le releva aussitôt, et l'embrassa tendrement. Il baisa plusieurs fois les brefs du pape; et, en les rendant au père, il lui parla de la sorte : « Un légat apostolique, envoyé
» immédiatement du Vicaire de Jésus-
» Christ, n'a pas besoin de prendre sa
» mission d'ailleurs; usez librement des
» pouvoirs que le saint-siége vous a
« donnés, et soyez sûr que, si l'auto-
» rité épiscopale est nécessaire pour les
» maintenir, elle ne vous manquera
» pas. »

Dès ce moment-là, ils lièrent amitié, et leur union devint si étroite dans la suite, qu'ils sembloient tous deux n'avoir qu'un cœur et qu'une ame : aussi le père Xavier n'entreprenoit rien sans avoir consulté l'évêque. L'évêque, de son côté, communiquoit tous ses desseins au père Xavier, et on ne peut croire combien une telle correspondance servit au salut des ames et à l'exaltation de la foi.

L'état où Xavier vit la religion dans le pays où il étoit envoyé, fit couler ses larmes et l'enflamma de zèle. Les Portugais, livrés aux passions les plus injustes et les plus honteuses, ne se faisoient aucun scrupule de l'ambition, de la vengeance, de l'usure, du libertinage. Il sembloit que tout sentiment de religion fût éteint dans la plupart d'entre eux. Les Sacremens étoient universellement négligés. Il n'y avoit pas quatre prédicateurs dans toutes les Indes, ni guère plus de prêtres hors de Goa. En vain l'évêque tâchoit de faire rentrer les coupables en eux-mêmes; ils méprisoient ses exhortations, ses prières et ses menaces. Il n'y avoit point de digue qu'on pût opposer à ce torrent d'iniquités.

Les infidèles, d'un autre côté, ressembloient moins à des hommes qu'à des bêtes (1), si quelques-uns avoient cru

_____

(1) Rien n'est comparable à la dépravation et à l'abrutissement dans lesquels vivoient les Indiens, lors de l'arrivée de saint François Xavier. La plupart adoroient le démon, sous une figure horrible et avec des cérémonies révoltantes. Il y en avoit qui changeoient de divinité tous les jours; et la première chose vivante qu'ils rencontroient le matin, étoit l'objet de leur culte, fût-ce un chien ou un

autrefois à l'évangile, ils étoient retombés dans leurs premières superstitions et dans leurs anciens désordres, parce qu'ils avoient manqué d'instructions pour se soutenir, et qu'ils n'avoient eu que de mauvais exemples sous les yeux.

La vie scandaleuse des Chrétiens étant un grand obstacle à la conversion des Gentils, Xavier commença sa mission par les premiers. Il leur rappela les principes du Christianisme, et il s'appliqua sur-tout à former la jeunesse à la vertu. Sa coutume étoit de passer la matinée à servir les malades des hôpitaux et à visiter les prisonniers. Il parcouroit ensuite les rues de Goa, une clochette à la main, pour avertir les parens et les maîtres d'envoyer leurs enfans et leurs esclaves au catéchisme : il le leur demandoit pour l'amour de Dieu. Les petits enfans s'assembloient autour de lui, et il les menoit à l'église pour leur apprendre le symbole des apôtres, les commandemens de Dieu, et les pratiques de la religion

---

pourceau. Chacun, au reste, faisoit à ses dieux des sacrifices sanglans, et rien n'étoit plus commun que de voir égorger des petits enfans par leur propre père devant les idoles.

chrétienne. Il vint à bout de leur inspirer de vifs sentimens de piété. La modestie et la dévotion de ces enfans étonnèrent toute la ville, et la firent bientôt changer de face. Les pécheurs les plus abandonnés commencèrent à rougir de leurs désordres. Quelque temps après, il prêcha en public, et se mit à faire des visites dans les maisons particulières. Sa douceur et sa charité furent des armes auxquelles personne ne résista. Les pécheurs, pénétrés d'horreur pour leurs crimes, vinrent se jeter à ses pieds pour se confesser, et les fruits de pénitence qui accompagnèrent leurs larmes, fournirent des preuves certaines de la sincérité de leur conversion. On renonça aux contrats usuraires; on restitua les gains illicites; on mit en liberté les esclaves qu'on avoit acquis injustement; enfin les mœurs, l'ordre et la décence furent rétablis dans les familles. La réformation de la ville de Goa fit connoître ce qu'on devoit attendre du serviteur de Dieu.

Il apprit qu'à l'Orient de la presqu'île, il y avoit sur la côte de la Pêcherie (1), qui s'étend depuis le cap Comorin jusqu'à

(1) Ainsi appelée à cause de la pêche des perles.

l'île de Manar, un peuple connu sous le nom de *Paravas* ou de pêcheurs; que ces peuples, par reconnoissance pour les Portugais qui les avoient secourus contre les Maures, s'étoient fait baptiser; mais que, faute d'instruction, ils conservoient toujours leurs superstitions et leurs vices. Xavier se chargea d'autant plus volontiers de cette mission, qu'il avoit quelque connoissance de la langue malabare, qui étoit en usage à la côte de la Pêcherie.

Il se fit accompagner par deux jeunes ecclésiastiques de Goa, qui entendoient passablement la même langue, et s'embarqua au mois d'Octobre de l'année 1542.

Sosa voulut donner de l'argent au Père pour tous ses besoins; mais les hommes apostoliques n'ont point de plus riche trésor que leur pauvreté, ni de fonds plus sûr que celui de la Providence : il accepta seulement une paire de souliers pour se garantir un peu des sables brûlans de la côte.

Le cap de Comorin est éloigné d'environ six cents milles de Goa; c'est une haute montagne qui avance dans la mer, et qui a en face l'île de Ceylan. Le Père y étant arrivé, rencontra d'abord un village tout idolâtre. Il ne voulut point passer outre sans annoncer le nom de Jésus-Christ aux Gentils; mais tout ce qu'il put leur dire par la bouche de ses interprètes, ne servit de rien, et ces païens déclarèrent nettement qu'ils ne pouvoient changer de religion, que le seigneur dont ils relevoient n'y eût consenti. Leur opiniâtreté ne dura néanmoins pas long-temps; et le Ciel qui avoit destiné Xavier à la conversion des idolâtres, ne voulut pas que les premiers soins qu'il prenoit pour eux fussent inutiles.

Une femme du village étoit depuis trois jours en travail d'enfant, et souffroit d'extrêmes douleurs, sans qu'elle pût être soulagée ni par les prières des brachmanes, ni par aucuns remèdes naturels. Xavier l'alla voir avec un de ses truchemens; « Et ce fut là, dit-il
» lui-même dans ses lettres, qu'oubliant
» que j'étois en une terre étrangère,
» je commençai à invoquer le nom du
» Seigneur, bien que je me souvinsse
» en même temps que toute la terre
» appartient à Dieu également, et que
» tous ceux qui l'habitent sont à lui. «

Le Père expliqua à la malade les principes de la foi, et l'exhorta à prendre confiance au Dieu des chrétiens. L'Esprit-Saint, qui vouloit sauver par elle tout ce peuple, la toucha intérieurement; de sorte qu'étant interrogée si elle croyoit en Jésus-Christ, et si elle vouloit être baptisée, elle dit qu'oui et que c'étoit de tout son cœur.

Alors Xavier lut un évangile sur elle, et la baptisa; elle fut aussitôt délivrée et guérie parfaitement. Un miracle si visible remplit la cabane d'étonnement et de joie; toute la famille se jeta aux pieds du Père pour se faire instruire; et, après une instruction suffisante, il n'y en eut pas un qui ne reçut le baptême. La nouvelle s'en répandit de tous côtés; et les principaux du lieu eurent la curiosité de voir un homme si puissant en œuvres et en paroles. Il leur annonça la vie éternelle, et les convainquit de la vérité du christianisme; mais, tout persuadés qu'ils étoient, ils n'osoient, disoient-ils, se faire chrétiens, à moins que leur prince ne le trouvât bon.

Il y avoit dans le village un officier venu exprès pour recevoir, au nom du prince, un certain tribut annuel. Le père Xavier l'alla voir, et lui exposa si clairement toute la loi de Jésus-Christ, que l'idolâtre confessa d'abord qu'elle n'avoit rien de mauvais, et permit ensuite aux habitans de l'embrasser. Il n'en fallut pas davantage à des gens que la crainte seule retenoit; ils se firent tous baptiser, et promirent de vivre chétiennement.

Le saint homme encouragé par un commencement si heureux, poursuivit son chemin avec allégresse, et gagna bientôt Tutucurin, qui est la première habitation des Paravas. Il trouva qu'en effet ces peuples, au baptême près, qu'ils avoient reçu plutôt pour secouer le joug des Maures, que pour subir celui de Jésus-Christ, étoient de vrais infidèles, et il leur enseigna les mystères de la foi, dont ils n'avoient aucune teinture. Les deux ecclésiastiques qui l'accompagnoient, lui servoient de truchemens; mais Xavier, pour se mettre en état de faire plus de fruit, voulut connoître lui-même plus parfaitement la langue malabare, et il se donna des peines infinies pour y réussir. A force de travail, il traduisit en cette langue les paroles du signe de la Croix, le Symbole des Apôtres, les Commandemens de Dieu, l'Oraison Dominicale, la Salutation Angélique, le *Confiteor*, et le *Salve Regina*, enfin tout le Catéchisme.

Dès que la traduction fut faite, le Père en apprit par cœur ce qu'il put, et se mit à parcourir les villages de la côte, qui étoient au nombre de trente, moitié baptisés, moitié idolâtres. « J'al-
» lois la clochette à la main, dit-il lui-
» même, et rassemblant tout ce que je
» rencontrois et d'enfans et d'hommes, je
» leur enseignois la doctrine chrétienne :
» les enfans l'apprenoient aisément par
» cœur en un mois ; et, quand ils la
» savoient bien, je leur recommandois
» de l'enseigner eux-mêmes à leurs pères
» et à leurs mères, à leurs domestiques
» et à leurs voisins.

» Les dimanches, j'assemblois dans
» la chapelle les hommes et les femmes,
» les garçons et les filles ; tous y ve-
» noient avec une joie incroyable, et
» avec un désir ardent d'ouïr la parole
» de Dieu. Je commençois par confes-
» ser que Dieu est un en nature, et trois

» en personnes ; je récitois ensuite tout
» haut, et distinctement, l'Oraison Do-
» minicale, la Salutation Angélique,
» et le Symbole des Apôtres : tous en-
» semble disoient après moi, et on ne
» peut s'imaginer le plaisir qu'ils y pre-
» noient ; puis je répétois seul le Sym-
» bole, et, insistant sur chaque article,
» je leur demandois s'ils croyoient sans
» aucun doute ; ils me le protestoient
» tous à haute voix et ayant les mains
» en croix sur l'estomac. Aussi je leur
» fais réciter le Symbole plus souvent
» que les autres prières, et je leur dé-
» clare en même temps que ceux qui
» croient ce qui y est contenu, s'ap-
» pellent Chrétiens.

» Du Symbole je passe au Décalogue,
» et je leur annonce que la loi chré-
» tienne est comprise dans ces dix pré-
» ceptes ; que celui qui les garde tous
» comme il faut, est un bon Chrétien,
» et que la vie éternelle lui est destinée ;
» qu'au contraire, celui qui viole un de
» ces préceptes, est un mauvais Chré-
» tien, qui sera damné éternellement,
» s'il ne se repent de sa faute. Les néo-
» phytes et les païens admirent com-

» bien notre loi est sainte et raisonnable,
» combien elle s'accorde avec elle même.

» Ayant fait ce que je viens de dire,
» j'ai coutume de réciter avec eux l'O-
» raison Dominicale et la Salutation An-
» gélique : nous reprenons tous de nou-
» veau le Symbole; et, à chaque article,
» outre le *Pater* et l'*Ave*, nous entre-
» mêlons une courte prière; car, ayant
» prononcé tout haut le premier article
» de la foi, je commence ainsi, et ils
» suivent ; *Jésus, fils du Dieu vivant,*
» *faites-nous la grâce de croire, sans*
» *hésiter, ce premier article de votre*
» *foi ; nous vous offrons, à cette in-*
» *tention, l'oraison dont vous êtes vous-*
» *même l'auteur.*

» Nous ajoutons : *O Marie, sainte*
» *mère de Notre-Seigneur Jésus-Christ,*
» *obtenez-nous de votre fils bien-aimé*
» *la grâce de croire cet article sans nul*
» *doute.* On tient la même méthode dans
» les autres treize articles. On parcourt
» à peu près de la même sorte les pré-
» ceptes du décalogue. Dès que nous
» avons récité ensemble le premier pré-
» cepte, qui est d'aimer Dieu, nous
» prions en cette manière : *Jésus-Christ,*

» *fils du Dieu vivant, accordez-nous*
» *la grâce de vous aimer sur toutes*
» *choses*, et nous disons immédiatement
» après l'Oraison Dominicale. On ajoute
» aussitôt : *O Marie, sainte Mère de*
» *Jésus, impétrez-nous de votre fils la*
» *grâce d'observer fidèlement ce pre-*
» *mier précepte;* et on dit la Salutation
» Angélique. Nous gardons la même for-
» mule dans les autres neuf comman-
» demens, en la changeant néanmoins
» un peu, selon que la matière l'exige.
» Ce sont là les choses que je les accou-
» tume à demander à Dieu dans les prières
» communes. Je ne laisse pas de leur dé-
» clarer quelquefois que, s'ils obtiennent
» ce qu'ils demandent, ils auront le reste
» plus amplement qu'ils ne pourroient
» le demander.
» Je fais dire à tous le *Confiteor*, et
» principalement à ceux qui doivent re-
» cevoir le baptême, auxquels je fais dire
» encore le *Credo*. A chaque article,
» je les interroge s'ils croient sans douter
» aucunement; et, quand ils m'en assu-
» rent, je leur fais, d'ordinaire, une
» exhortation que j'ai composée en leur
» langue : c'est un abrégé des dogmes

» du Christianisme et des devoirs du
» Chrétien nécesssaires au salut; enfin
» je les baptise, et on finit tout en chan-
» tant *Salve Regina*, pour implorer l'as-
» sistance de la sainte Vierge. »

Il est difficile d'exprimer quelle fut la ferveur de cette chrétienté naissante. Le Saint, écrivant aux Pères de Rome, confesse lui-même n'avoir point de paroles pour l'exprimer. Il ajoute que la multitude de ceux qui recevoient le baptême étoit si grande, qu'à force de baptiser continuellement il ne pouvoit plus lever le bras.

Les enfans seuls qui moururent après leur baptême, montoient, selon son compte, au nombre de plus de mille.

Ceux qui vécurent, et qui commençoient à avoir l'usage de raison, étoient si affectionnés aux choses de Dieu, et si avides de savoir tous les mystères de la foi, qu'ils ne donnoient presque pas le temps au père Xavier de prendre un peu de nourriture ou du repos. Ils le cherchoient à toute heure, et il étoit quelquefois obligé de se cacher d'eux, pour faire oraison et pour dire son bréviaire.

C'est avec le secours de ces néophytes si fervens qu'il faisoit plusieurs bonnes œuvres, et même une partie des guérisons miraculeuses que le Ciel opéra par son ministère. Il n'y eut jamais tant de malades en la côte de la Pêcherie, que lorsque le Saint y fut; et il sembloit, écrit-il lui-même, que Dieu envoyoit des maladies à ces peuples pour les attirer à sa connoissance presque malgré eux; car, venant à recouvrer la santé tout-à-coup et contre toutes les apparences, dès qu'ils recevoient le baptême ou qu'ils invoquoient Jésus-Christ, ils voyoient clairement la différence qu'il y avoit entre le Dieu des Chrétiens et les Pagodes. (1)

Personne ne tomboit malade parmi les gentils, qu'on n'eût recours au père Xavier. Comme il ne pouvoit pas suffire à tout, ni être en plusieurs lieux en même temps, il envoyoit les enfans chrétiens où il ne pouvoit aller lui-même. En partant, l'un lui prenoit son chapelet, l'autre son crucifix ou son reliquaire; et tous, animés d'une foi vive, se dispersoient par les bourgs et par les

(1) C'est le nom qu'on donne, en Orient, et aux temples et aux simulacres des faux dieux.

villages; là, ramassant autour des malades le plus de gens qu'ils pouvoient, ils récitoient plusieurs fois le Symbole des Apôtres, les Commandemens de Dieu, et tout ce qu'ils savoient par cœur de la doctrine chrétienne; et ensuite ils demandoient au malade s'il croyoit de bon cœur en Jésus-Christ, et s'il vouloit être baptisé. Dès qu'il avoit répondu qu'oui, ils le touchoient avec le chapelet ou le crucifix du Père, et aussitôt il étoit guéri.

Xavier enseignoit un jour les Mystères de la Foi à une grande multitude, lorsqu'il vint des gens de Manapar, pour l'avertir qu'un des plus considérables du pays étoit possédé du démon, et pour le prier de venir à son secours. L'homme de Dieu ne crut pas devoir quitter l'instruction qu'il faisoit. Il appela seulement de jeunes chrétiens, leur donna une croix qu'il portoit sur sa poitrine, et les envoya à Manapar, avec ordre de chasser le malin esprit.

Ils n'y furent pas plutôt arrivés, que le démoniaque, plus furieux qu'à l'ordinaire, fit des contorsions et jeta des cris effroyables. Bien loin d'avoir peur, comme ont les enfans, ils chantèrent autour de lui les prières de l'église, après quoi ils le contraignirent de baiser la croix, et dans le même moment le démon se retira. Plusieurs païens qui étoient présens, et qui reconnurent visiblement le pouvoir de la croix, se convertirent sur-le-champ et devinrent ensuite d'excellens chrétiens.

Ces petits néophytes que Xavier employoit ainsi dans les rencontres, discutoient sans cesse contre les gentils, et brisoient autant d'idoles qu'ils en pouvoient attraper; ils les brûloient même, et ne manquoient pas de jeter les cendres au vent. Que s'ils découvroient qu'un chrétien eût des pagodes cachées qu'il adorât en secret, ils le reprenoient hardiment; et quand leurs réprimandes ne servoient de rien, ils en avertissoient le saint homme, afin qu'il y remédiât lui-même. Xavier visitoit souvent avec eux les maisons suspectes; et s'il s'y trouvoit quelque idole, elle étoit aussitôt mise en pièces.

Un des premiers habitans de Manapar, homme violent et emporté, s'obstinoit à adorer les idoles. Xavier l'étant un jour allé voir, le pria honnêtement de vouloir bien écouter ce qu'il avoit à lui dire pour l'intérêt de son salut éternel. Le barbare ne daigna pas le regarder, et le chassa brutalement de son logis, en disant que, si jamais il alloit à l'église des chrétiens, il étoit content qu'on lui en fermât l'entrée. Peu de jours après il fut attaqué par une troupe de gens armés qui en vouloient à sa vie; tout ce qu'il put faire fut de s'échapper de leurs mains et de s'enfuir. Comme il vit de loin l'église ouverte, il y courut de toutes ses forces, poursuivi toujours de ses ennemis. Les fidèles qui étoient assemblés pour leurs exercices de piété, alarmés des cris qu'ils ouïrent, et craignant que les idolâtres ne vinssent pour piller l'église, fermèrent promptement les portes; de sorte que celui qui pensoit se sauver dans le lieu sacré, tomba entre les mains des meurtriers et fut assassiné sur-le-champ, sans doute par ordre de la justice divine qui vengea le Saint, et qui permit que l'impie fût frappé de la malédiction qu'il s'étoit souhaité à lui-même.

Le zèle et la sainteté du Missionnaire

le rendirent vénérable aux bracmanes mêmes, qui étoient les philosophes, les théologiens et les prêtres des idolâtres : ils s'opposèrent cependant aux progrès de l'évangile par des motifs d'intérêt. (1) Les conférences qu'ils eurent avec le Saint, ne les convertirent point; ils refusèrent également de croire sur les miracles éclatans que Xavier opéra sous leurs yeux. On lit dans le procès de la canonisation du serviteur de Dieu, qu'il ressuscita quatre morts dans ce temps-là. Le premier étoit un catéchiste qui avoit été piqué par un de ces serpens dont les piqûres sont toujours mortelles; le second étoit un enfant qui s'étoit noyé dans un puits; le troisième et le quatrième étoient un jeune garçon et une jeune fille qu'une maladie contagieuse avoit enlevés.

Le Saint joignoit aux travaux apostotoliques les plus grandes austérités de la pénitence. Sa nourriture étoit celle des

(1) Les Bracmanes joignoient à de grandes austérités d'odieuses dissolutions. Ayant pris un grand ascendant sur l'esprit des Indiens, ils inventoient mille fables, et obtenoient, par leurs fourberies, des offrandes considérables destinées aux idoles; mais qui servoient à l'entretien des Bracmanes et à celui de leur famille.

plus pauvres ; il ne mangeoit que du riz et ne buvoit que de l'eau. Il dormoit tout au plus trois heures la nuit, et couchoit sur la terre dans une cabane de pêcheurs. Loin de faire usage des matelas et des couvertures que le gouverneur lui avoit envoyés de Goa, il s'en servit pour assister ceux qui étoient dans le besoin. Le reste de la nuit qu'il ne donnoit point au sommeil, il le consacroit à la prière ou à l'utilité du prochain.

Il avoue lui-même que ses fatigues étoient sans relâche, et qu'il auroit succombé à tant de travaux, si Dieu ne l'eût soutenu ; car, pour ne point parler du ministère de la prédication et des autres fonctions évangéliques qui l'occupoient jour et nuit, il ne naissoit pas une querelle ni un différend, qu'on ne le prît pour arbitre ; et parce que ces barbares, naturellement colères, étoient souvent en guerre ensemble, il destina certaines heures aux éclaircissemens et aux réconciliations.

Il n'y avoit, en outre, pas un malade qui ne le fît appeler. Comme il y en avoit souvent plusieurs à la fois, et qu'ils étoient dans des villages éloignés les uns des autres, on ne peut croire quel déplaisir il ressentoit de ne pouvoir les secourir tous.

Quelles que fussent ses occupations extérieures, il ne cessoit de s'entretenir avec le Seigneur, et les délices qu'il goûtoit dans cet exercice, étoient quelquefois si extraordinaires, qu'il conjuroit la bonté divine d'en modérer l'excès. Il parloit de lui-même, lorsqu'il disoit à saint Ignace et à ses frères de Rome: «Je n'ai rien autre chose
» à vous écrire de ce pays ci, lui dit-
» il, sinon que ceux qui y viennent pour
» travailler au salut des idolâtres, reçoi-
» vent tant de consolations d'en-haut,
» que, s'il y a une véritable joie en ce
» monde, c'est celle qu'ils sentent. Il
» m'arrive plusieurs fois, poursuit-il,
» d'entendre un homme dire à Dieu: *Sei-*
» *gneur, ne me donnez pas tant de*
» *consolations en cette vie; ou, si vous*
» *voulez m'en combler, par un excès*
» *de miséricorde, tirez-moi à vous, et*
» *faites-moi jouir de votre gloire; car*
» *c'est un trop grand supplice que de*
» *vivre sans vous voir.* »

Il y avoit plus d'un an que Xavier travailloit à la conversion des Paravas. La moisson étoit si abondante, qu'il crut devoir partir pour Goa, sur la fin de 1543, afin de se procurer des coopérateurs. On lui confia le soin du séminaire, dit de Sainte-Foi, lequel avoit été fondé pour l'éducation des jeunes Indiens. Son zèle l'appelant ailleurs, il remit le gouvernement de cette maison entre les mains des membres de la Compagnie de Jésus, qu'on avoit envoyés aux Indes, il agrandit le séminaire, et dressa des règlemens qu'on devoit y suivre pour former les jeunes gens aux lettres et à la piété. Ce séminaire prit alors le nom de Saint-Paul, de son église qui étoit dédiée sous l'invocation de cet apôtre.

L'année suivante, Xavier retourna chez les Paravas, avec quelques ouvriers évangéliques, tant Indiens qu'Européens, qu'il distribua dans différens villages. Il en mena quelques-uns avec lui dans le royaume de Travancor, où, comme il le dit dans une de ses lettres, il baptisa de ses propres mains jusqu'à dix mille idolâtres dans l'espace d'un mois. On vit quelquefois un village entier recevoir le baptême en un jour. Le Saint s'avança dans les terres; mais comme il ne savoit point la langue du pays, il se contentoit de baptiser les enfans, et de servir les malades qui faisoient suffisamment connoître leur état par signes.

Pendant qu'il exerçoit son zèle dans le royaume de Travancor, Dieu lui communiqua le don des langues. Il parloit la langue des Barbares, sans l'avoir jamais apprise, et il se faisoit entendre sans avoir besoin de truchement. Il prêchoit souvent dans la plaine à cinq ou six mille personnes assemblées. Ses succès animèrent les bracmanes contre lui; ils lui tendirent des piéges, et employèrent divers moyens pour lui ôter la vie; mais Dieu rendit leurs efforts inutiles, et conserva celui dont il faisoit l'instrument de ses miséricordes. Il étoit dans le royaume de Travancor, lorsque les Badages, peuple sauvage qui vivoit de rapines, y firent une incursion.

Le Père Xavier n'eut pas plutôt su que les Badages paroissoient, que, se prosternant en terre, « Seigneur, *dit-il,*
» souvenez-vous que vous êtes le Dieu
» des miséricordes et le protecteur des
» Fidèles; n'abandonnez pas à la rage de
» ces loups le troupeau dont vous m'a-
» vez fait le pasteur; que les nouveaux

» chrétiens, si foibles encore dans la foi,
» ne se repentent pas de l'avoir em-
» brassée, et que les infidèles n'aient
» pas l'avantage d'opprimer ceux qui ne
» mettent leur espérance qu'en vous. »
Sa prière étant finie, il se lève, et, rempli d'un courage extraordinaire, ou plutôt de je ne sais quelle force divine, qui le rendoit intrépide, il prend une troupe de chrétiens fervens, et, le crucifix à la main, court avec eux vers la plaine où les ennemis marchoient en ordonnance de bataille. Dès qu'il fut assez proche pour se faire entendre, il s'arrêta, et leur dit d'une voix menaçante : « Je
» vous défends, au nom du Dieu vivant,
» de passer outre, et je vous com-
» mande, de sa part, de retourner
» sur vos pas. »

Le ton d'autorité avec lequel il leur parla, remplit les chefs de terreur; ils restèrent confondus et sans mouvement, ainsi que les autres brigands qu'ils commandoient. Ils se retirèrent en désordre, et abandonnèrent le pays. Cet événement procura au Saint la protection du roi de Travancor, et ce prince lui donna le surnom de *Grand-Père*.

Xavier, prêchant à Coulan, village de Travancor, près du Cap Comorin, s'aperçut que la plupart des idolâtres étoient peu touchés de ses discours. Il pria Dieu d'amollir la dureté de leurs cœurs, et de ne pas permettre que le sang de Jésus-Christ eût été répandu inutilement pour eux. Il fit ensuite ouvrir un tombeau où l'on avoit enterré un mort le jour précédent. Les assistans avouèrent que non-seulement le corps étoit privé de vie, mais encore qu'il commençoit à sentir mauvais. Le Saint se mit alors à genoux, et après une courte prière, il commanda au mort, par le nom du Dieu vivant, de revenir à la vie. Aussitôt le mort ressuscite, et se lève plein de force et de santé. Tous ceux qui étoient présens, furent si frappés de ce prodige, qu'ils se jetèrent aux pieds du Saint, et lui demandèrent le baptême. Xavier ressuscita sur la même côte un jeune chrétien qu'on portoit en terre. Les parens de ce jeune homme, pour conserver la mémoire du miracle, firent planter une grande croix à l'endroit où il avoit été opéré. Ces prodiges touchèrent tellement le peuple, que le royaume de Travancor fut fait chrétien en peu de mois. Il n'y eut que le roi et les personnes de la cour qui restèrent dans les ténèbres et les superstitions du paganisme.

LIVRE TROISIÈME.

La réputation du saint missionnaire se répandoit dans toutes les Indes ; les idolâtres le faisoient prier de toutes parts de venir les instruire et les baptiser. Il écrivit à saint Ignace en Italie, et au Père Simon Rodriguez en Portugal, pour leur demander des ouvriers évangéliques. Son zèle s'enflammoit avec plus d'ardeur, chaque fois que de nouveaux peuples idolâtres témoignoient le désir de connoître et d'embrasser la religion chrétienne.

Il lui vint des députés des Manarois, qui demandoient le baptême avec de vives instances. Comme il ne pouvoit encore quitter le royaume de Travancor, parce qu'il falloit affermir la chrétienté qu'il y avoit établie, il leur envoya un missionnaire dont il connoissoit le zèle. Il y en eut un très-grand nombre qui se convertirent et reçurent le baptême. L'île de Manar, située vers la pointe la plus septentrionale de Ceylan, étoit alors sous la domination du roi de Jafanapatan; c'est le nom qu'on donne à la partie septentrionale de Ceylan. Ce prince, qui haïssoit la religion chrétienne, n'eut pas plutôt été instruit des progrès qu'elle faisoit parmi les Manarois, qu'il les attaqua les armes à la main, et ordonna qu'on tuât tout ce qui ne seroit point idolâtre. L'ordre fut exécuté ponctuellement; et les hommes, les femmes, les enfans qui avoient embrassé le christianisme, périrent tous par l'épée.

Ce qu'il y eut de merveilleux, ce fut la persévérance de ces néophytes. Chacun des fidèles étoit interrogé sur sa religion, et n'avoit qu'à y renoncer pour sauver sa vie; et il n'y en eut pas un qui ne se déclarât hautement chrétien. Les pères et les mères parloient pour leurs petits enfans baptisés, qui ne pouvoient pas encore rendre témoignage de leur foi, et ils les offroient à la mort avec une intrépidité qui étonnoit leurs bourreaux. Six ou sept cents de ces insulaires donnèrent leur vie pour le nom de Jésus-Christ; et le canton principal qui fut consacré par un sang si noble, fut désormais appelé *la terre des Martyrs.*

Tout ce massacre, bien loin d'abolir la loi chrétienne, ne servit qu'à la rendre plus florissante ; le tyran eut même la honte de voir ses officiers et ses domestiques quitter, malgré lui, leur ancienne religion. Mais ce qui l'irrita davantage, fut le changement de son fils aîné. Ce jeune prince, touché de Dieu, se fit instruire par un marchand Portugais qui avoit commerce à la cour. Cela ne se put faire néanmoins si secrètement que le roi n'en eût connoissance. A la première nouvelle, il fit égorger son fils, et jeter son corps dans les champs pour servir de pâture aux bêtes.

Mais le ciel ne souffrit pas qu'une mort qui étoit si précieuse devant Dieu, fût sans honneur et sans fruit devant les hommes. Le marchand Portugais enterra la nuit son disciple, et le lendemain matin il parut une très-belle croix marquée sur la terre, qui couvroit le corps du martyr. Ce spectacle surprit fort les infidèles ; ils firent ce qu'ils purent pour effacer la croix, en marchant dessus et y jetant de la terre ;

elle reparut le jour suivant de la même forme, et ils tâchèrent de l'effacer tout de nouveau ; mais alors elle parut en l'air toute lumineuse, et lançant des rayons de tous côtés. Les barbares qui la virent, furent effrayés, et en même temps si touchés intérieurement, qu'ils se déclarèrent chrétiens. La sœur du roi, princesse naturellement vertueuse, ayant embrassé la foi en cachette, instruisit elle-même son fils et son neveu, frère du martyr ; mais en les mettant dans la voie du ciel, elle eut soin de les dérober à la cruauté du tyran. Elle s'adressa pour ce sujet au Portugais dont nous avons parlé, et, lui confiant les deux princes, le chargea de les mener au séminaire de Goa.

Le Portugais concerta si bien toutes choses avec la princesse, qu'il sortit de l'île avec les deux princes sans être découvert. Il prit son chemin par le royaume de Travancor, pour voir le père Xavier et lui présenter ces illustres néophytes. Le père les reçut comme des anges envoyés du ciel, et rendit mille actions de grâces à Dieu d'une si belle conquête. Il les fortifia dans la foi, leur donna des enseignemens salutaires, et leur promit de faire en sorte, auprès du vice-roi des Indes, qu'ils n'eussent jamais à se repentir d'avoir tout quitté pour l'amour de Jésus-Christ.

Xavier partit alors pour Cochin, et de là fit voile pour Cambaye, afin d'aller rendre compte au vice-roi des Indes, de tout ce qui se passoit. Il y avoit dans le navire un gentilhomme portugais extrêmement libertin, et de ces impies déclarés qui se font gloire de leur impiété. C'en fut assez au saint homme pour rechercher sa compagnie. Il s'attacha particulièrement à lui, et tâcha même de lui plaire par des discours agréables. Le Portugais étoit charmé de l'humeur du Père, et prenoit plaisir à l'entendre parler de mille matières curieuses; mais quand Xavier disoit un mot du salut de l'ame, il s'en moquoit, et ne vouloit pas l'écouter. Que si le Père le reprenoit doucement de ses péchés scandaleux, et l'invitoit à la pénitence, il s'emportoit contre les saintes pratiques de l'église, et juroit qu'il ne se confesseroit jamais.

Ces mauvaises dispositions ne rebu-

tèrent pas Xavier : il traita un pécheur si endurci comme un malade frénétique, avec beaucoup de bonté. Cependant ils abordèrent au port de Camanor. Etant descendus ensemble sur le rivage, ils vont se promener seuls dans un bois de palmiers qui étoit tout proche. Après deux ou trois jours de promenade, le Saint se dépouille jusqu'à la ceinture, et prenant une discipline armée de pointes, il s'en donne de si rudes coups, qu'il eut en moins de rien les épaules toutes sanglantes. « C'est pour l'amour de vous,
» *dit-il au gentilhomme qui l'accompa-*
» *gnoit,* que je fais ce que vous voyez,
» et ce n'est encore rien au prix de ce que
» je voudrois faire. Mais, *ajouta-t-il,*
» vous avez coûté bien plus cher à Jé-
» sus-Christ. Sa passion, sa mort, tout
» son sang ne suffira-t-il pas pour amollir
» votre cœur » *Puis, s'adressant à Jé-*
» *sus-Christ lui-même:* Seigneur, *dit-*
» *il,* jetez les yeux sur votre sang ado-
» rable, et non pas sur celui d'un mal-
» heureux pécheur comme moi. »

Le gentilhomme, étonné et confus également d'une telle charité, se jette aux pieds de Xavier, le conjure de ne pas passer outre, lui promet de se confesser et de changer tout-à-fait de vie. En effet, avant que de sortir du bois, il fit au Père une confession générale avec une vive douleur de ses péchés, et depuis il vécut fort chrétiennement.

Etant retournés au port, ils remontèrent dans le navire, et continuèrent leur voyage. Dès qu'ils furent arrivés à Cambaye, Xavier alla voir le vice-roi, et il n'eut pas de peine à lui persuader ce qu'il voulut touchant l'affaire de Jafanapatan; car, outre que Sosa avoit une entière confiance au père François, et beaucoup de zèle pour la religion, l'expédition que lui proposoit Xavier étoit la plus glorieuse que les Portugais pussent entreprendre, puisqu'il s'agissoit de châtier un tyran, de déposséder un usurpateur, et de rétablir un roi légitime.

Le vice-roi donc écrivit des lettres, et expédia des courriers aux capitaines de Comorin et de la Pêcherie, avec ordre d'assembler dans Négapatan tout ce qu'il y avoit là de troupes, et d'aller fondre sur le roi de Jafanapatan, sans lui donner le temps de se reconnoître. Il leur commandoit aussi de prendre le tyran vivant s'ils pouvoient, et de le remettre entre les mains du père François, qui souhaitoit sa conversion et non pas sa mort, et qui espéroit que le sang des martyrs de Manar lui obtiendroit la rémission de ses crimes.

Xavier, animé par de si belles espérances, reprit la route de Cochin, où il prétendoit travailler au salut des ames, pendant qu'on feroit les préparatifs de la guerre. En repassant à Cananor, il logea chez un chrétien très-vertueux, mais qui avoit un fils fort débauché et sujet à toutes sortes de vices. Comme ce père étoit affligé de la mauvaise conduite de son fils, et qu'il le pleuroit jour et nuit, Xavier tâcha d'abord de le consoler; puis s'étant un peu recueilli, et ayant élevé les yeux au ciel : Sachez, » *lui dit-il*, que vous êtes le plus heu- » reux père qu'il y ait au monde. Ce fils » libertin qui vous donne tant de mécon- » tentement aujourd'hui, changera de » mœurs, sera religieux de l'ordre de » saint François, et enfin martyr. » L'événement vérifia la prédiction de Xavier, le fils de son hôte de Cananor prit l'habit de saint François, et alla prêcher la foi dans le royaume de Candé, où il fut martyrisé par les barbares.

L'homme de Dieu, de retour à Cochin, y demeura environ trois semaines, et, vers la fin du mois de mai, il fit voile du côté de Ceylan, pour passer de là à Négapatan, où la flotte portugaise étoit déjà toute prête. Passant par l'île des Vaches, qui est près des bancs de Ceylan, qui regarde le nord, il ressuscita un enfant fils d'un Sarrasin, et c'est tout ce qu'on sait de ce miracle. Il voulut voir dans son voyage l'île de Manar, où plus de six cents chrétiens avoient été massacrés pour la foi, ainsi que nous avons dit; et y étant descendu, il baisa plusieurs fois la terre qui avoit été arrosée du sang des martyrs au village de Pasim.

En se réjouissant de la bienheureuse destinée des morts, il eut de quoi s'affliger de la disgrace des vivans. Une maladie contagieuse désoloit l'île, et il y mouroit plus de cent personnes par jour.

Dès que les Manarois surent que le Grand-Père, si célèbre dans les Indes, étoit à Pasim, ils s'assemblèrent bien trois mille, la plupart Gentils; et s'étant rendus au village, ils le supplièrent très-humblement de les délivrer de la peste.

Xavier demanda trois jours pour obtenir du ciel la grâce qu'on lui demandoit à lui-même. Durant ce temps-là, il ne fit que représenter à Dieu les mérites des martyrs de Pasim. Avant la fin des trois jours il fut exaucé, la peste cessa, et tous les malades recouvrèrent leur santé au même moment. Un miracle si visible les fit tous croire en Jésus-Christ, et l'Apôtre les baptisa de sa main.

Il alla ensuite rejoindre la flotte portugaise qu'il trouva découragée et dispersée par l'avarice et la perfidie des officiers.

Comme les Saints ne veulent jamais que ce que Dieu veut, Xavier abandonna tout-à-fait l'expédition de Jafanapatan, et ne pensa plus qu'à retourner au royaume de Travancor ; mais le vent lui fut si contraire, qu'il ne put pas même s'approcher de la côte. Il jugea par-là que Dieu l'appeloit ailleurs, et il résolut de porter la lumière de l'évangile d'île en île, et de royaume en royaume, jusqu'aux dernières extrémités de l'Orient.

Avant tout, il se rendit à Méliapor, pour y vénérer les reliques de saint Thomas, et pour implorer les lumières du Saint-Esprit, par l'intercession de cet apôtre.

Quoique le Saint ne fût venu dans cette ville que pour s'instruire des ordres du ciel dans la solitude, il ne laissa pas de vaquer un peu au salut des ames. Sa sainte vie faisoit valoir ses discours, et sa vue seule avoit la force de toucher les cœurs. Le peuple se mit même dans l'esprit, que quiconque ne suivoit pas les conseils du père François, mourroit ennemi de Dieu, et on racontoit la fin malheureuse de quelques pécheurs, qui, étant pressés par Xavier de faire une prompte pénitence, avoient différé de se convertir. Cette opinion populaire contribua beaucoup au changement de la ville ; et souvent la crainte d'une mort funeste rompoit tout d'un coup des commerces criminels de plusieurs années.

Il y avoit à Méliapor un gentilhomme portugais, qui menoit une vie très-scandaleuse. Xavier l'alla voir un jour, vers l'heure du dîner. « Voulez-vous bien, » *lui dit-il*, que pour faire connois- » sance nous dînions ensemble aujour- » d'hui ? » Le Portugais fut embarrassé de la visite et du compliment ; il se contraignit néanmoins et feignit d'être fort aise de l'honneur que le Père lui faisoit. Durant le dîner, Xavier ne lui dit pas un mot de ses débauches, et ne l'entretint que de choses indifférentes. Il continua de la même sorte au sortir de table, et le quitta enfin sans lui faire le moindre reproche.

Le gentilhomme, surpris de la conduite du père François, crut que ce silence étoit de mauvais augure; qu'il n'y avoit plus rien à attendre pour lui qu'une mort désastreuse et un malheur éternel. Dans cette pensée, il alla en diligence trouver le Saint. « Mon père, » *lui dit-il*, que votre silence m'a parlé » fortement au cœur ! Je n'ai pas eu un » moment de repos depuis que vous êtes » sorti de chez moi. Ah ! Si ma perte » n'est point encore tout-à-fait conclue, » me voici entre vos mains, faites de » moi ce que vous jugerez à propos » pour le salut de mon ame, je vous » obéirai aveuglément. »

Xavier l'embrassa; et, après lui avoir fait entendre que les miséricordes du Seigneur sont infinies, qu'il n'en faut jamais désespérer, et que celui qui refuse quelquefois le temps de la pénitence aux pécheurs, accorde toujours le pardon aux pénitens, il lui fit quitter les occasions du péché, et le disposa à une confession générale, dont le fruit fut une vie honnête et chrétienne.

Enfin, le Père fit, dans Méliapor, tout ce qu'il voulut, et des témoins irréprochables ont déposé qu'il laissa la ville si différente de ce qu'elle étoit quand il y vint, qu'on ne la reconnoissoit plus : aussi en fut-il lui-même si satisfait, que, la bénissant mille fois, il dit qu'il n'y avoit pas aux Indes une ville plus chrétienne. Il prédit en même temps qu'elle seroit un jour très-riche et très-florissante, et la prédiction s'accomplit peu d'années après.

Il partit de cette ville au mois de septembre de l'an 1545, malgré les larmes du peuple qui vouloit le retenir, et il tint la route de Malaca, dans le dessein de passer de là à Macazar.

Tandis que le vaisseau qui portoit Xavier traversoit le golfe de Ceylan, il se présenta une occasion de charité que le Saint ne laissa pas échapper. Les matelots et les soldats passoient le temps, selon leur coutume, à jouer aux cartes. Deux soldats s'attachèrent au jeu, plus par avarice que par divertissement, et un d'eux joua toujours de si grand malheur, qu'il perdit non-seulement tout son argent, mais encore celui qu'on lui avoit mis entre les mains pour le faire profiter. N'ayant plus rien à perdre, il se retira maudissant sa mauvaise fortune et blasphémant le nom de Dieu. Son désespoir le porta si loin qu'il se seroit jeté dans la mer, ou percé de son épée, si on ne l'eût empêché.

Xavier apprit les emportemens de ce malheureux, et vint aussitôt à son secours. Il l'embrassa avec tendresse, et fit ce qu'il put pour le consoler ; mais le soldat, que la fureur transportoit encore, rebuta le Père, et lui dit même des injures. Xavier, s'étant un peu recueilli pour consulter Dieu, alla emprunter cinquante réales d'un des passagers, les porta au soldat, et lui conseilla de se racquitter. Le Saint, voyant alors le joueur dans une situation plus tranquille, lui parla si bien, que celui qui n'avoit pas voulu l'écouter auparavant, persuadé par ses discours, ne mania jamais plus de cartes, et devint un très-bon exemple pour ses camarades.

Xavier aborda à Malaca le 25 Septembre ; il n'eut pas plutôt mis pied à terre, qu'il alla voir le gouverneur de la ville, pour lui exposer son dessein d'aller à Macazar. Le gouverneur dit au père qu'il avoit envoyé depuis peu, à cette île, un prêtre de très-sainte vie, avec des soldats portugais, et qu'il en attendoit des nouvelles tous les jours; que, cependant, il étoit d'avis que lui et son compagnon demeurassent à Malaca, jusqu'à ce qu'on sût l'état véritable des Chrétiens de Macazar. Xavier crut le gouverneur, et se retira à l'hôpital, qu'il choisit pour le lieu de sa demeure. Le peuple y courut en foule pour voir l'homme apostolique dont la réputation étoit grande dans tout l'Orient. Les pères et les mères le montroient à leurs enfans, et on remarque que le serviteur de Dieu, en caressant les petits Portugais, les appeloit chacun par son nom, comme s'il les eût connus, et qu'il n'eût pas été un étranger arrivé tout nouvellement.

Au reste, il trouva la ville dans une horrible corruption de mœurs. L'avarice, l'intempérance, l'impudicité, l'oubli de Dieu régnoient par-tout. Un état si malheureux fit comprendre au père Xavier, que son séjour dans Malaca ne seroit pas peut-être inutile ; mais avant que d'entreprendre la réformation d'une ville toute corrompue, il s'employa quelques jours uniquement au service des malades ; il passa plusieurs nuits en oraison, et il fit des austérités extraordinaires.

Après ces préparatifs, il commença des instructions publiques, de la manière qu'il avoit fait la première fois dans Goa. Allant le soir par les rues, la clochette en main, il disoit à haute voix : *Priez Dieu pour ceux qui sont en état de péché mortel*, et par-là il remettoit insensiblement dans l'esprit des pécheurs les désordres de leur vie ; car, voyant les mauvaises dispositions de leur cœur, et combien il étoit aisé d'aigrir le mal, si on n'y appliquoit de violens remèdes, il tempéra plus que jamais l'ardeur de son zèle. Bien qu'il eût naturellement le visage serein et la conversation agréable, sa gaieté et tous les charmes de son humeur semblèrent redoubler à Malaca.

Il fit aussi plusieurs miracles qui

achevèrent de porter la conviction dans l'ame des habitans de Malaca. Un des plus admirables fut la résurrection d'une jeune fille. Xavier étoit allé faire un petit voyage aux environs de Malaca, pour quelque œuvre de charité, quand cette fille mourut. La mère, qui avoit cherché le Saint partout pendant la maladie de sa fille, le vint trouver dès qu'elle le sut de retour, et se jetant à ses pieds toute en larmes, lui dit à peu près ce que Marthe dit à Notre-Seigneur, que, s'il eût été dans la ville, celle qu'elle pleuroit ne seroit point morte; mais que, s'il vouloit invoquer le nom de Jésus-Christ, la défunte revivroit bientôt.

Xavier fut ravi de voir une si grande foi dans une femme baptisée depuis peu de jours; et, la jugeant digne de la grâce qu'elle demandoit, après avoir élevé les yeux au ciel, et prié Dieu en silence quelque temps, il se tourna vers elle, et lui dit d'un ton assuré; *Allez, votre fille est vivante.* Cette pauvre mère voyant que le Saint ne s'offroit point d'aller au lieu de la sépulture, répliqua, entre l'espérance et la crainte, qu'il y avoit déjà trois jours que sa fille étoit enterrée. *N'importe*, reprit Xavier, *allez, ouvrez son tombeau, et vous la trouverez vivante*. La mère, sans répondre davantage, courut avec confiance à l'église, et, en présence de plusieurs personnes, ayant fait lever la pierre qui couvroit le cercueil, trouva sa fille pleine de vie.

Pendant que les choses se passoient ainsi à Malaca, un navire de Goa y apporta au père Xavier des lettres d'Italie et de Portugal, qui lui apprirent les heureux progrès de la Compagnie de Jésus, et tout ce qu'elle faisoit déjà en Allemagne pour le bien commun de l'église. Il ne pouvoit se lasser de lire ces lettres; il les baisoit mille fois, et les arrosoit de ses larmes, s'imaginant comme il dit lui-même, ou être avec ses frères en Europe, ou les avoir avec lui aux Indes. Il apprit en même temps qu'il lui étoit venu du secours de trois missionnaires que le père Ignace envoyoit, et que don Jean de Castro, successeur de don Alphonse de Sosa dans le gouvernement des Indes, avoit amenés de Portugal à Goa. Ces missionnaires étoient,

Antoine Criminal, Nicolas Lancilotti, et Jean Beira, tous trois prêtres, les deux premiers Italiens, et le troisième Espagnol; hommes apostoliques, et d'une vertu éminente, particulièrement Criminal, qui, de tous les enfans d'Ignace, mérita le premier l'honneur du martyre.

Xavier, ayant attendu plus de trois mois des nouvelles de Macazar, comme il vit que la saison propre au retour du navire que le gouverneur de Malaca avoit envoyé, étoit tout-à-fait passée, jugea que la Providence ne vouloit pas se servir de lui présentement pour l'instruction de ces peuples, qui avoient un prêtre chez eux. Néanmoins, afin d'être plus prêt à les secourir, dès que le ciel lui en feroit naître l'occasion, il eut la pensée d'aller à d'autres îles voisines, qui étoient absolument dépourvues de ministres évangéliques.

Il s'embarqua pour Amboyne le premier jour de Janvier de l'année 1546. Le capitaine du vaisseau étoit Portugais; le reste, tant matelots que soldats, étoient Indiens, tous presque de différentes contrées, et la plupart Mahométans ou Gentils. Le Saint les gagna à Jésus-Christ durant le voyage; et , ce qui convainquit les Infidèles de la vérité du christianisme, c'est que, quand le père Xavier leur expliquoit les mystères de la foi en une langue , ils l'entendoient chacun en la leur, comme s'il en eût parlé plusieurs à la fois.

Il y avoit à Amboyne sept villages de Chrétiens , naturels du pays, mais sans aucun prêtre, parce que le seul qui y étoit, venoit de mourir. Xavier commença par visiter ces villages, et il baptisa d'abord quantité d'enfans , qui moururent immédiatement après leur baptême : « Comme si, dit-il lui-même dans » une de ses lettres, la Providence di- » vine ne leur eût prolongé la vie que » jusqu'à ce qu'on leur eût ouvert la » porte du ciel. »

Ayant su que plusieurs familles s'étoient retirées du rivage de la mer, dans le fond des bois et dans les cavernes des montagnes, pour se mettre à couvert de la fureur des barbares , leurs voisins et leurs ennemis, qui pilloient les côtes et massacroient ou faisoient esclave tout ce qui tomboit entre leurs mains, il alla chercher ces pauvres sauvages au milieu de l'horreur de leurs rochers et de leurs forêts, et il vécut avec eux autant qu'il fallut pour leur faire bien connoître les devoirs du christianisme, que la plupart ignoroient.

Le Saint passa ensuite dans l'île d'Ulate ; il la trouva toute en armes, et le roi assiégé dans sa ville, tout près de se rendre, non pas manque de courage ni de gens, mais faute d'eau, parce que les ennemis avoient coupé les fontaines, et qu'il n'y avoit nulle apparence de pluie ; de sorte que, durant les grandes chaleurs qu'il faisoit, les hommes et les chevaux ne pouvoient plus vivre.

L'occasion parut belle au père Xavier pour gagner à Jésus-Christ les vaincus, et peut-être les vainqueurs. Plein d'une généreuse confiance en Dieu, il trouve le moyen d'entrer dans la ville, et, s'étant fait présenter au roi, il s'offre de lui fournir le secours qui lui manque. « Per-
» mettez-moi, dit-il, de dresser ici une
» croix, et confiez-vous au Dieu que je
» suis venu vous annoncer ; c'est le
» Seigneur et le maître de la nature,
» qui, quand il lui plaît, ouvre les
» sources du ciel, et en arrose la terre,

» Mais au cas qu'il pleuve, ajouta Xa-
» vier, promettez-moi que vous recon-
» noîtrez sa puissance, et que vous em-
» brasserez sa loi avec vos sujets.

Dans l'extrémité où le roi étoit réduit, il consentit sans peine à ce que le Père voulut, et s'obligea même, sur la foi publique, de tenir exactement sa parole, pourvu que ce qu'on lui faisoit espérer ne manquât pas. Alors Xavier ayant fait faire une grande croix, il la planta au lieu le plus élevé de la ville, et là, à genoux parmi une foule de soldats, d'enfans et de femmes, que la nouveauté du spectacle attira autant que l'attente du succès, il représenta à Dieu la mort de son Fils, et le conjura, par les mérites de ce Sauveur crucifié, qui avoit répandu son sang pour tous les hommes, de ne refuser pas un peu d'eau au salut d'un peuple idolâtre.

À peine le Saint eut commencé sa prière, que le ciel se couvrit, et, dès qu'elle fut achevée, il tomba une pluie abondante, qui dura jusqu'à ce qu'on eût fait des provisions d'eau. Les ennemis, qui n'espéroient plus de prendre la ville, levèrent aussitôt le siége; et le roi, avec tout le peuple, reçut le baptême de la main du père Xavier ; il voulut même que d'autres îles, qui relevoient de sa couronne, adorassent Jésus-Christ, et il engagea le Saint à y aller publier la foi. Xavier mit plus de trois mois dans tous ces petits voyages ; après quoi étant revenu à Amboyne, où il avoit laissé son compagnon Jean Deyro, pour cultiver la nouvelle chrétienté, et où il le laissa encore pour le même sujet, il s'embarqua sur un autre navire portugais, qui faisoit voile aux Moluques.

Ternate est la plus grande des Moluques, et c'est de ce côté-là que le P. Xavier prit sa route pour savoir combien les travaux du Père furent utiles aux Ternatins, il suffit de dire ce qu'il a écrit lui-même, que d'un nombre infini d'hommes débauchés qui étoient à Ternate quand il y arriva, tous, excepté deux, avoient quitté leurs débauches quand il en partit. La passion des richesses s'éteignit avec l'amour des plaisirs, il se fit des restitutions partout, et tant d'aumônes, que la maison de la Miséricorde, établie pour le soulagement des malheureux, de très-pauvre qu'elle étoit, devint extrêmement riche.

Etant à Ternate, le père Xavier entendit parler de l'île du More, renommée pour l'impiété et la férocité de ses habitans. Le tableau qu'on lui en présenta lui fit naître le désir d'aller évangéliser ces peuples. Dès que l'on sut son dessein, l'on mit tout en œuvre pour le rompre. Ses amis lui dirent d'abord que c'étoit un pays également affreux et stérile, maudit en quelque façon de la nature, et plus propre à des bêtes qu'à des hommes ; que l'air y étoit si grossier et si malsain, que les étrangers ne pouvoient y vivre ; que les montagnes y vomissoient continuellement des tourbillons de flammes et de cendres, et que la terre y étoit souvent agitée par des tremblemens horribles.

On lui dit, de plus, que les gens du pays surpassoient en cruauté et en perfidie tous les barbares du monde ; qu'ils s'empoisonnoient les uns les autres ; qu'ils se nourrissoient de chair humaine ; et que quand quelqu'un de leur famille venoit à mourir, ils lui coupoient les pieds et les mains, dont ils se faisoient un mets délicat ; que leur inhumanité alloit si loin, que, lorsqu'ils vouloient faire un festin superbe, ils prioient un de leurs amis de leur prêter son père, déjà vieux, pour le donner à manger aux conviés, avec promesse de lui rendre la pareille en une semblable occasion.

Ce tableau capable d'épouvanter le plus intrépide, fut accompagné de prières et de larmes; mais elles furent inutiles, et Xavier ne changea pas de pensée. « Eh! qui sont ces gens, *disoit-*
» *il, dans l'ardeur de son zèle,* qui
» mettent des bornes à la puissance de
» Dieu, et qui ont de si petites idées
» de la grâce du Sauveur ? Y a-t-il
» donc des cœurs assez durs pour résister
» à la vertu du Très Haut, quand il
» lui plaît de les amollir et de les chan-
» ger ; à cette vertu également douce et
» forte, qui fait fleurir les troncs secs,
» et qui peut faire naître du sein des
» pierres des enfans d'Abraham ? Quoi !
» celui qui a soumis le monde entier à
» l'empire de la croix par le ministère
» des Apôtres, ne pourroit pas y sou-
» mettre un petit endroit de la terre !
» Les seules îles du More n'auroient
» point de part au bienfait de la rédemp-
» tion ! Eh, quand Jésus-Christ a offert

» toutes les nations au Père Eternel,
» comme son héritage, ces peuples
» auroient été exceptés ! Ils sont très-
» barbares et très brutaux, je l'avoue;
» qu'ils le soient encore plus qu'ils ne
» le sont : c'est parce que je ne puis
» rien de moi-même, que j'espère
» davantage d'eux. Je puis tout en Celui
» qui me fortifie, et de qui seul vient la
» force des ouvriers évangéliques. »

Il ajouta que les autres nations, moins sauvages et moins cultivées, ne manqueroient point de prédicateurs; que celle-ci étoit pour lui, puisque personne n'en vouloit. Ensuite, se laissant emporter à une sainte indignation. « Si
» ces îles, *poursuivit-il*, avoient des
» bois odoriférans et des mines d'or,
» les chrétiens auroient le courage d'y
» aller, et tous les dangers du monde
» ne les épouvanteroient pas. Ils sont
» lâches et timides, parce qu'il n'y a là
» que des ames à gagner; et faut-il
» donc que la charité soit moins hardie
» et moins généreuse que l'avarice ? Ils
» me feront mourir, dites-vous, par le
» fer ou par le poison. Cette grâce n'est
» pas pour un pécheur comme moi;

» mais j'ose bien vous dire que, quel-
» que tourment et quelque mort qu'ils
» me préparent, je suis prêt d'en souf-
» frir mille fois davantage pour le salut
» d'une seule ame. Peut-être que si je
» mourois de leurs mains, ils adoreroient
» tous Jésus-Christ ; car enfin depuis
» les premiers siècles de l'église la se-
» mence de l'évangile a plus fructifié
» dans les terres incultes du paganisme,
» par le sang des martyrs, que par les
» sueurs des missionnaires. »

Il acheva son discours en disant qu'il n'y avoit rien à craindre dans son entreprise ; que Dieu l'appeloit aux îles du More, et que les hommes ne l'empêcheroient pas de suivre la voix de Dieu. Tout ce qu'il dit fit tant d'impression sur les esprits, que plusieurs s'offrirent de l'accompagner au travers de tous les les périls dont ils l'avoient eux-mêmes menacé.

VIE

DE

S. FRANÇOIS XAVIER,

APÔTRE DES INDES,

TIRÉE DE LA VIE DU SAINT

Par le P. BOUHOURS,

DE LA COMPAGNIE DE JÉSUS.

II.ᵐᵉ PARTIE.

LILLE.

L. LEFORT, LIBRAIRE, IMPRIMEUR DU ROI,
RUE ESQUERMOISE, N.° 55.

1827.

VIE
DE
SAINT FRANÇOIS XAVIER.

LIVRE QUATRIÈME.

Xavier s'embarqua pour l'île du More avec quelques-uns de ses amis, au milieu des larmes du peuple, qui vint le conduire sur le rivage, comme ne devant le revoir jamais. Avant qu'on mît à la voile, il écrivit aux Pères de la compagnie qui étoient à Rome, pour leur donner avis de son voyage.

« Le pays où je vais, dit-il dans ses
» lettres, est plein de périls, et très-
» funeste aux étrangers, par la barbarie
» des habitans et par l'usage de divers
» poisons qu'ils mêlent dans le breu-
» vage et dans les viandes, et c'est ce
» qui a empêché d'aller les instruire.
» Pour moi, considérant leur extrême
» nécessité, et le devoir de mon minis-

» tère qui m'oblige d'affranchir les ames
» de la mort éternelle, aux dépens même
» de ma vie, j'ai résolu de hasarder tout
» pour le salut de ces peuples. Toute
» mon espérance est en Dieu, et tout
» mon désir est d'obéir, autant qu'il
» sera en moi, en la parole de Jésus-
» Christ : *Qui voudra sauver son ame
» la perdra, et qui la perdra pour
» l'amour de moi, la trouvera.*

» Croyez-moi, mes très-chers Frères,
» quoique cette maxime évangélique soit
» en général aisée à entendre, quand le
» temps de la pratique est venu, et qu'il
» s'agit de mourir pour Dieu, toute
» claire qu'elle est, elle devient très-
» obscure; tellement que celui-là seul en
» a l'intelligence, à qui Dieu la donne
» par sa miséricorde; car c'est alors
» qu'il paroît combien la nature humaine
» est foible et fragile.

» Plusieurs personnes qui m'aiment
» ici tendrement, ont fait tout ce qu'elles
» ont pu pour me détourner de ce
» voyage; et, voyant que je ne me ren-
» dois ni à leurs prières, ni à leurs lar-
» mes, elles ont voulu me donner des
» contre-poisons; mais je n'ai eu garde

» d'en prendre aucun, de peur qu'en
» me chargeant du remède je ne vinsse
» à craindre le mal, et parce qu'ayant
» mis ma vie entre les mains de la Pro-
» vidence, je n'avois besoin de nul
» préservatif contre la mort ; car il me
» semble que plus j'aurois de ces remè-
» des, moins j'aurois de confiance en
» Dieu. »

Arrivé à l'île du More, Xavier alla droit au premier village. La plupart des habitans avoient été autrefois baptisés ; mais il ne leur restoit qu'une idée confuse de leur baptême, et leur religion n'étoit qu'un mélange de mahométisme et d'idolâtrie.

Les Barbares, à la vue des étrangers, prirent la fuite, s'imaginant qu'on venoit venger la mort des Portugais qui avoient été massacrés dans l'île les années précédentes. Il les poursuivit jusque dans leurs bois, et son visage plein de douceur leur fit juger que ce n'étoit pas un ennemi qui venoit à eux. Il leur déclara lui-même le motif de sa venue, et leur parla malayois ; car quoiqu'il y eût dans l'île du More une telle diversité de langage, que des gens éloignés seulement de trois lieues ne s'entendoient pas, la langue de Malaca y avoit cours.

Tout farouches et tout féroces qu'étoient ces insulaires, ils ne furent pas à l'épreuve des manières aimables de Xavier; il les ramena au village en leur faisant des caresses, et il commença par chanter tout haut la doctrine chrétienne dans les rues. Il la leur expliquoit après, et d'une façon si proportionnée à leur barbarie, qu'ils concevoient tout parfaitement.

Par ce moyen, il fit revenir à la foi les chrétiens qui l'avoient quitté, et y attira les infidèles qui ne l'avoient point encore voulu embrasser. Il n'y eut ni ville ni bourg que Xavier ne visitât, et où les infidèles ne plantassent des croix et ne bâtissent des églises. La ville de Tolo, qui étoit la principale de l'île, et où l'on comptoit vingt-cinq mille ames, fut entièrement convertie avec celle de Momoya.

Ainsi, l'île du More devint, pour le saint Apôtre, l'île de la divine Espérance, comme il vouloit qu'elle fût nommée, et parce qu'on ne devoit y attendre que ce que Dieu y faisoit lui-même, d'une manière miraculeuse, et parce que les fruits de ses travaux surpassèrent les espérances qu'il en avoit conçues, lorsque ses amis de Ternate voulurent lui faire craindre l'inutilité de son voyage.

Après avoir ainsi évangélisé l'île du More, le Saint fit un voyage à Goa pour se procurer des missionnaires, et pour régler quelques affaires qui concernoient la compagnie. Il visita sur la route plusieurs des îles où il avoit déjà prêché. Il arriva à Malaca au mois de Juillet de l'année 1547. Au commencement de l'année suivante, il s'embarqua pour l'île de Ceylan, où il gagna à Jésus-Christ un grand nombre d'infidèles, et entre autres deux rois.

Pendant le séjour que fit Xavier à Malaca, on lui présenta un Japonais, nommé Anger. Il avoit tué un homme dans son pays, suivant Kæmpfer, et il n'avoit pu conserver sa vie, qu'en s'enfuyant sur un navire portugais. Tous les auteurs s'accordent à dire que c'étoit un homme riche, d'une extraction noble, et âgé d'environ trente-cinq ans. Cruellement déchiré par les remords de sa conscience, il ne pouvoit goûter aucun repos. Quelques Chrétiens, instruits de son état, lui conseillèrent de voir François Xavier, l'assurant qu'il trouveroit en lui la consolation qui lui étoit nécessaire. Le Saint le reçut avec bonté, et lui promit la tranquillité de l'ame qu'il cherchoit ; mais il ajouta qu'on ne pouvoit goûter cette tranquillité que dans la véritable religion. Le Japonais fut charmé de ce discours ; et comme il savoit un peu de portugais, Xavier l'instruisit des mystères de la foi, et lui proposa de s'embarquer avec ses domestiques pour Goa, où il devoit aller bientôt lui-même.

Le vaisseau que monta le saint missionnaire alla droit à Cochin. Il fut assailli dans le détroit de Ceylan de la plus violente tempête ; de sorte qu'on fut obligé de jeter toutes les marchandises dans la mer. Le pilote, ne pouvant plus gouverner, abandonna le vaisseau à la merci des vagues. On eut l'image de la mort devant les yeux, pendant trois jours et trois nuits. Xavier, après avoir entendu les confessions de l'équipage, se prosterna aux pieds d'un crucifix, et pria avec tant de ferveur, qu'il étoit comme absorbé en Dieu. Le vaisseau, emporté par un courant, donnoit déjà contre les bancs de Ceylan, et les matelots se croyoient perdus sans ressource. Le Saint sort alors de sa chambre où il s'étoit renfermé. Il demande au pilote la corde et le plomb qui servoient à sonder la mer; il les laissa aller jusqu'au fond, en prononçant ces paroles : *Grand Dieu, Père, Fils et le Saint-Esprit, ayez pitié de nous* : au même moment le vaisseau s'arrête, et le vent s'apaise. Ils continuent ensuite leur voyage, et arrivent heureusement à Cochin, le 21 Janvier 1548.

De Cochin, Xavier écrivit aux Pères de la compagnie, qui étoient à Rome, et leur raconta le danger qu'il avoit couru dans le détroit de Ceylan. « Au fort de la
» tempête, disoit-il, je pris pour inter-
» cesseurs auprès de Dieu, les personnes
» vivantes de notre compagnie, et ensuite
» tous les Chrétiens.... Je parcourus les
» ordres des Anges et des Saints, et je les
» invoquai tous.... Je réclamai sur-tout
» la protection de la très-sainte Mère de
» Dieu, la Reine du Ciel. Enfin, ayant
» mis toute mon espérance aux mérites
» infinis de Notre-Seigneur Jésus-Christ,
» étant protégé de la sorte, je ressentis
» une joie plus grande au milieu de cette

» furieuse tourmente, que quand je fus
» tout-à-fait hors de danger. A la vérité,
» étant comme je suis le plus méchant
» des hommes, j'ai honte d'avoir versé
» tant de larmes par un excès de plaisir
» céleste, lorsque j'étois sur le point de
» périr. Aussi priois-je humblement
» Notre-Seigneur de ne point me déli-
» vrer du naufrage dont nous étions
» menacés, à moins qu'il ne me réservât
» à de plus grands périls pour sa gloire
» et pour son service. Dieu, au reste,
» m'a fait connoître souvent de combien
» de dangers et de peines j'ai été tiré
» par les prières et les sacrifices de ceux
» de la compagnie.... Si jamais je t'ou-
» blie, ô compagnie de Jésus, que ma
» main droite me soit inutile, et que j'en
» oublie moi-même l'usage. »

Le Saint ayant quitté Cochin, alla visiter les villages de la côte de la Pêcherie. Il fut singulièrement édifié de la ferveur de la chrétienté qu'il y avoit établie. Il demeura quelque temps à Manapar, près du cap Comorin, et retourna dans l'île de Ceylan, où il convertit le roi de Candé. Enfin, il partit pour Goa, et y arriva le 20 mars 1548. Etant dans cette ville, il acheva d'instruire Anger et ses deux domestiques. Ils furent baptisés solennellement par l'évêque de Goa. Anger voulut prendre le nom de Paul de Sainte-Foi; un de ses domestiques prit le nom de Jean, et l'autre celui d'Antoine. Ce fut alors que le Saint forma le projet d'aller prêcher l'évangile au Japon.

En attendant que la navigation devînt libre, il s'appliqua particulièrement aux exercices de la vie spirituelle, comme pour reprendre de nouvelles forces après ses travaux passés; c'est la coutume des hommes apostoliques, qui, dans le commerce qu'ils ont avec Dieu, se délassent des fatigues qu'ils prennent pour le prochain. C'étoit alors que dans le jardin du collège de Saint-Paul, tantôt se promenant, tantôt retiré dans un petit ermitage qu'on y avoit bâti, il s'écrioit: *C'est assez, Seigneur, c'est assez.* Quelquefois il ouvroit sa soutane devant l'estomac, parce qu'il ne pouvoit soutenir l'abondance des consolations célestes; il faisoit entendre tout à la fois, qu'il aimoit mieux souffrir beaucoup de tourmens pour le service de Dieu, que de goûter tant de douceurs : il prioit le Seigneur de lui réserver les plaisirs pour l'autre vie, et de ne lui épargner aucune peine en celle-ci. Mais ces occupations intérieures ne l'empêchoient point de travailler au salut des ames, ni de soulager les malheureux dans les hôpitaux et dans les prisons ; au contraire, plus l'amour de Dieu étoit vif et ardent en lui, plus il désiroit de l'allumer dans les autres. La charité le faisoit souvent renoncer au repos de la solitude et aux délices de l'Oraison.

Dans le même temps, le père Gaspard Barzée et quatre autres Jésuites arrivèrent de l'Europe. Xavier leur désigna leur emploi, et leur donna les instructions dont ils avoient besoin pour le remplir fidèlement. Il partit ensuite pour Malaca, dans la vue de passer de là au Japon. Il surmonta toutes les difficultés qu'on lui opposa pour empêcher ce voyage. Après avoir passé quelque temps à Malaca, il s'embarqua sur un vaisseau chinois, avec Paul de Sainte-Foi et ses deux domestiques qui avoient été baptisés à Goa. Ils arrivèrent le 15 août 1549 à Cangoxima, dans le royaume de Sanxuma, au Japon.

"La langue japonaise paroît être une langue primitive et originale : du moins n'a-t-elle point d'affinité avec celle de l'Orient ; elle a seulement emprunté quelques termes du chinois. Xavier en avoit appris les premiers élémens de Paul de Sainte-Foi, durant son voyage. Il continua cette étude pendant les quarante jours qu'il passa à Cangoxima. Il logeoit dans la maison de Paul de Sainte-Foi, dont il convertit et baptisa toute la famille. Il n'y avoit qu'une langue au Japon, mais qu'on modifioit par les accens et la prononciation, suivant la qualité des personnes auxquelles on parloit. Le Saint y fit de tels progrès, qu'il fut en état de traduire en japonais le symbole des apôtres, avec l'explication qu'il en avoit faite autrefois. Il apprit ensuite cette traduction par cœur, et commença à prêcher Jésus-Christ.

Il étoit déjà connu du roi de Saxuma, qui faisoit sa résidence à six lieues de Cangoxima. Paul de Sainte-Foi avoit parlé à la cour de son zèle, de ses vertus et de ses miracles. Il crut que l'utilité de la religion demandoit qu'il vît le roi, et il se chargea de lui procurer une audience. Le prince fit à Xavier un accueil aussi gracieux qu'honorable, et il lui permit d'annoncer la foi à ses sujets. Le saint missionnaire fit un grand nombre de conversions. Sa joie auroit été complète, s'il avoit pu gagner les bonzes ; il employa, pour réussir, tous les moyens que la charité put lui suggérer : mais ses efforts furent inutiles. Il éprouva même divers obstacles de la part de ces prêtres idolâtres. La connoissance qu'il avoit de la langue japonaise, contribua beaucoup à étendre le christianisme. Il distribua aux nouveaux convertis des copies de sa traduction du Symbole, et de l'explication des articles qui le composent. De nouveaux miracles confirmèrent la doctrine qu'il enseignoit. En bénissant un enfant dont une enflure avoit rendu le corps très-difforme, il le rendit à sa mère si sain et si beau, qu'elle en fut tout hors d'elle-même. Par ses prières, il guérit un lépreux, et ressuscita une jeune fille de qualité qui étoit morte depuis vingt-quatre heures.

Xavier, après un an de séjour à Cangoxima, en partit pour aller à Firando, capitale d'un autre petit royaume. Il ne pouvoit plus exercer son ministère parmi les Cangoximains : le roi de Saxuma, irrité de ce que les Portugais abandonnoient ses états pour transporter leur commerce à Firando, lui avoit retiré la permission d'instruire ses sujets; il commença même à persécuter les chrétiens. Mais ceux-ci restèrent fidèles à la grâce qu'ils avoient reçue, et déclarèrent qu'ils souffriroient plutôt l'exil et la mort que de renoncer à la foi. Le Saint, non content de les avoir recommandés à Paul de Sainte Foi, leur laissa une ample explication du Symbole, avec une vie de Jésus-Christ qu'il avoit tirée des évangélistes, et qu'il avoit fait imprimer en langue et caractères japonais. Il emmena avec lui les deux jésuites qui l'avoient accompagné, et partit en portant sur son dos, selon sa coutume, tout ce qui étoit nécessaire pour la célébration du saint sacrifice de la messe.

En allant à Firando, il prêcha dans la forteresse d'un prince, nommé Ekandono, et vassal du roi de Saxuma. Plusieurs idolâtres crurent en Jésus-Christ. De ce nombre furent l'intendant du prince. C'étoit un homme âgé, qui joignoit une grande prudence au zèle pour la religion qu'il avoit embrassée. Xavier en partant lui recommanda d'avoir soin des autres chrétiens ; il les assembloit tous les jours dans sa maison, pour réciter avec eux différentes prières. Il leur lisoit, les dimanches, l'explication de la doctrine chrétienne. La conduite de ces fidèles étoit si édifiante, qu'elle convertit plusieurs autres idolâtres. Le roi de Saxuma lui-même redevint favorable au christianisme, et s'en déclara le protecteur.

Enfin le saint missionnaire arriva à Firando. Il fut bien reçu du prince, qui lui permit d'annoncer la loi de Jésus-Christ dans ses états. Le fruit de ses prédications fut extraordinaire ; il baptisa plus d'idolâtres à Firando en vingt jours, qu'il n'avoit fait à Cangoxima en une année entière. Il laissa cette chrétienté sous la conduite de l'un des deux Jésuites qui l'accompagnoient, et il partit pour Méaco avec l'autre et deux chrétiens japonais. Ils allèrent par mer à Facata, où ils s'embarquèrent pour Amanguchi, capitale du royaume de Naugato, renommé pour les plus abondantes mines d'argent du Japon. Il régnoit dans cette ville une effroyable corruption de mœurs. Le Saint y prêcha en public, devant le roi et sa cour ; mais ses prédications y produisirent peu de fruit, ou plutôt il n'en retira guères que des insultes et des affronts.

Après avoir fait plus d'un mois de séjour dans Amanguchi sans recueillir guère d'autres fruits de ses travaux que beaucoup d'affronts, il poursuivit son voyage vers Méaco avec ses trois compagnons, Fernandez, Matthieu et Bernard. Ils déploroient tous les jours l'aveuglement et la dureté de ces malheureux qui ne vouloient point recevoir l'évangile ; ils se consoloient néanmoins dans l'espérance des miséricordes de Dieu, et une voix intérieure leur disoit souvent que la semence de la parole divine, jetée en une terre ingrate et si stérile, ne seroit pas tout-à-fait perdue.

Ils partirent sur la fin du mois de décembre, et dans un temps de pluies continuelles. Pendant tout l'hiver, qui est horrible dans ces pays, le froid est très-piquant, et la neige tombe en telle abondance, que dans les villes et dans les villages, les habitans ne peuvent sortir de leurs logis, ni avoir aucune communication entre eux que par des galeries couvertes. C'est bien pis dans la campagne, où ce ne sont que forêts affreuses, que montagnes escarpées, que torrens impétueux qui traversent les vallées et qui inondent quelquefois les plaines. Souvent tout est si glacé, que les voyageurs font presque autant de chutes que de pas, sans parler des glaçons énormes qui pendent aux arbres, et dont les passans sont à toute heure en danger d'être blessés.

Les quatre serviteurs de Dieu marchoient par une si rude saison, et dans des chemins si difficiles, les pieds nus, mal vêtus, chargés de leurs petits meubles, et sans autre provision pour vivre que des grains de riz rôtis ou séchés au feu, que Bernard portoit dans son sac. Ils eussent eu abondamment de quoi subsister, si Xavier eût voulu recevoir l'argent que les marchands portugais de Firando lui offroient pour les frais de son voyage, ou se servir des deniers que le gouverneur des Indes lui avoit fait tenir au nom du roi de Portugal. Mais il auroit cru faire injure à la Providence, que de se précautionner contre les besoins de la vie.

Le voyage d'Amanguchi à Méaco n'est guère que de quinze jours, lorsque la saison est belle et commode. Le mauvais temps fit que les quatre voyageurs furent deux mois en chemin, tantôt passant des torrens rapides, tantôt traversant des plaines et des forets couvertes de neiges, grimpant quelquefois sur des rochers, et roulant quelquefois dans des précipices. L'extrême fatigue causa la fièvre au père Xavier dès le premier mois, et son mal l'obligea de se reposer un peu à Sacay. Mais il ne voulut point faire de remède, et il se remit bientôt en chemin.

Ce qui lui sembloit de plus fâcheux, c'est que Bernard, qui étoit leur guide, les égaroit à toute heure. S'étant un jour perdus dans une forêt, et ne sachant plus quelle route tenir, ils rencontrèrent un cavalier qui alloit du côté de Méaco. Xavier le suivit, et s'offrit de porter sa malle, pour l'engager à les tirer de la forêt et pour passer sûrement des endroits fort dangereux. Le cavalier accepta l'offre que Xavier lui fit, et cependant alla au grand trot, de sorte que le Saint fut obligé de courir après, et cela dura presque tout le jour.

Ses compagnons le suivoient de loin; et, quand ils l'eurent attrapé au lieu où le cavalier le quitta, ils le trouvèrent si épuisé, qu'à peine pouvoit-il se soutenir. Les cailloux et les ronces lui avoient déchiré les pieds, et les jambes lui enflèrent tellement, qu'elles se crevèrent en plusieurs endroits. Toutes ces incommodités ne l'empêchoient pas de marcher; il tiroit sa force de l'union qu'il avoit continuellement avec Dieu, faisant oraison depuis le matin jusqu'au soir, et n'interrompant ses entretiens intérieurs que pour exhorter ses compagnons à la patience.

En passant par les villes et par les villages qu'ils rencontroient sur leur route, Xavier lisoit toujours quelque chose de son catéchisme à la populace qui s'assembloit autour d'eux. On se moquoit de lui le plus souvent, et les enfans crioient après lui, *Deos, Deos, Deos*, parce qu'il avoit d'ordinaire ce mot portugais à la bouche, et qu'il ne le prononçoit presque jamais une seule fois en leur langue, dans la crainte que les idolâtres ne confondissent le vrai Dieu avec leurs idoles ; et il répétoit ce mot avec une action et d'un ton de voix qui faisoient sentir aux païens mêmes combien le nom de Dieu étoit vénérable.

Ayant condamné publiquement, en deux diverses villes, les fausses sectes du Japon et les vices énormes qui y régnoient, il fut traîné hors des murailles par les habitans, qui résolurent de le lapider ; mais lorsqu'ils commençoient à prendre des pierres, il survint un terrible orage qui les obligea de s'enfuir. Le saint homme demeura seul, au milieu des foudres qui éclatoient de toutes parts, sans rien perdre de sa tranquillité ordinaire, et adorant la Providence divine qui combattoit si visiblement pour lui.

Il arriva enfin à Méaco avec ses trois compagnons dans le mois de Février, l'an 1551. Le dairi, le cubosama et le saço ou grand-prêtre, y tenoient alors leur cour. Le Saint leur fit inutilement demander audience ; on ne le flatta même de voir le saço, qu'autant qu'il payeroit cent mille caixes, qui font six cents écus de

France : somme qu'il n'étoit point en état de donner. Les troubles occasionnés par des guerres civiles, empêchèrent qu'on ne l'écoutât; et il vit que les esprits n'étoient pas encore disposés à ouvrir les yeux à la vérité. Il sortit donc de Méaco au bout de quinze jours pour retourner à Amanguchi. La pauvreté de son extérieur l'empêchant d'être reçu à la cour, il crut devoir s'accommoder aux préjugés du pays.

Il se fit faire un habit neuf, et même assez propre, des aumônes que les Portugais lui firent; persuadé qu'un homme apostolique doit se faire tout à tous, et que, pour gagner les gens du monde, il faut quelquefois s'accommoder un peu à leur foiblesse.

Dès qu'il fut à Amanguchi, ses présens lui obtinrent une audience du roi, et le firent recevoir agréablement. Oxindono, qui trouvoit les ouvrages de l'Europe admirables, non content d'en remercier le Père avec toutes les honnêtetés possibles, lui envoya, le jour même, une grosse somme d'or et d'argent pour marque de sa gratitude. Mais Xavier la refusa constamment, et ce refus le fit admirer lui-même du prince. « Que le Bonze Européen, disoit Oxindono, est éloigné de l'avarice des nôtres, qui aiment le bien avec tant de passion, et qui ne pensent qu'à leurs intérêts ? »

Il obtint ainsi la protection du prince, avec la permission de prêcher l'évangile. Il baptisa trois mille païens dans la ville d'Amanguchi. Ce succès le remplit de la plus grande consolation, et il l'écrivit depuis aux Jésuites de l'Europe. « Je n'ai, dit-il, jamais goûté tant de consolations qu'à Amanguchi ; on venoit m'entendre de toutes parts avec la permission du roi. Je voyois l'orgueil des bonzes abattu, et les plus fiers ennemis du nom chrétien soumis à l'humilité de l'évangile. Je voyois les transports de joie où étoient ces nouveaux chrétiens, quand après avoir surmonté les bonzes dans la dispute, ils retournoient tout triomphans. Je n'étois pas moins ravi de voir la peine qu'ils se donnoient à l'envi l'un de l'autre pour convaincre les gentils, et le plaisir qu'ils avoient à raconter leurs conquêtes. Tout cela me causoit une telle joie, que j'en perdois le sentiment de mes propres maux. »

Lorsque le Saint étoit à Amanguchi, Dieu le favorisa de nouveau du don des langues. Il se faisoit entendre des Chinois que le commerce attiroit dans cette ville, quoiqu'ils ne sussent leur langue, et que Xavier ne l'eût jamais apprise ; mais sa sainteté, sa douceur et son humilité touchèrent souvent plus que ses miracles. Les païens les plus opiniâtres ne pouvoient y résister. Un trait arrivé à Fernandez, un de ses compagnons, contribua aussi beaucoup à faire respecter la religion chrétienne. Un jour qu'il prêchoit dans la ville, un homme de la lie du peuple s'approcha comme pour lui parler, et lui cracha au visage. Le Père, sans dire un seul mot, ni sans faire paroître aucune émotion, prit son mouchoir pour s'essuyer, et continua tranquillement son discours. Chacun fut surpris d'une modération aussi héroïque. Ceux qu'une telle insulte avoit d'abord fait rire, furent saisis d'admiration. Un des plus savans docteurs de la ville, qui étoit présent, se dit à lui-même, qu'une loi qui inspiroit un tel courage, une telle grandeur d'ame, et qui faisoit remporter sur soi-même une victoire si complète, ne pouvoit venir que du ciel. Le sermon achevé, il confessa que la vertu du prédicateur l'avoit touché. Il demanda le baptême après, et fut baptisé solennellement.

Une conversion si illustre eut des suites très-heureuses. Plusieurs, qui entrevoyoient la vérité, et qui craignoient de la connoître tout-à-fait, ouvrirent les yeux, et reçurent la lumière de l'Evangile; entre autres, un jeune homme de vingt-cinq ans qu'on estimoit fort pour la subtilité de son esprit, et qui avoit étudié dans les plus fameuses académies du Japon. Il étoit venu à Amanguchi pour se faire bonze. Mais, ayant découvert la mauvaise foi des bonzes, il changea de pensée, et demeura fort irrésolu sur le choix d'un état de vie, jusqu'à ce que, convaincu par l'exemple du docteur et par les raisons de Xavier, il se fit chrétien. On lui donna le nom de Laurent; et c'est lui qui, ayant été reçu en la Compagnie de Jésus par Xavier même, exerça d'abord le ministère de la prédication avec tant d'éclat et tant de succès, qu'il convertit une multitude innombrable de gens nobles et vaillans, qui furent, depuis, les colonnes de l'Eglise japonaise.

Xavier songeoit depuis peu à s'en retourner aux Indes, pour choisir lui-même des ouvriers tels qu'en demandoit le Japon, et son dessein étoit d'y revenir par la Chine, dont la conversion lui tenoit déjà fort au cœur. Car, en traitant tous les jours avec les marchands chinois qui étoient à Amanguchi, il avoit compris qu'une nation si polie et si sensée deviendroit aisément chrétienne : et d'ailleurs on lui faisoit espérer que, dès que la Chine seroit convertie, le Japon se convertiroit; du moins les Japonais les plus incrédules lui disoient souvent qu'ils ne changeroient point de religion, que les Chinois n'en eussent changé; qu'il allât porter l'évangile à ce grand empire, et que, quand il l'auroit réduit sous l'obéissance de Jésus-Christ, ils se feroient tous chrétiens.

Xavier, après avoir recommandé les nouveaux chrétiens aux deux Jésuites qu'il laissoit à Amanguchi, partit de cette ville vers la mi-septembre de l'année 1551.

Il pouvoit faire ce voyage aisément par mer, mais il aima mieux aller par terre, et à pied, selon sa coutume. Il prit pour ses compagnons Matthieu et Bernard : deux seigneurs chrétiens voulurent aussi le suivre. On avoit confisqué leurs biens depuis peu de jours, en punition de ce qu'ils avoient reçu le baptême; mais la grâce de Jésus-Christ qui leur tenoit lieu de tout, leur rendoit leur pauvreté si précieuse, qu'ils s'estimoient bien plus riches qu'auparavant. Un autre chrétien se joignit à eux; c'est ce Laurent dont nous avons parlé.

Le Père marcha gaiement avec ses cinq compagnons jusqu'à Pinlaschau, village distant de Figen d'une lieue ou deux. En arrivant, il sentit toutes ses forces épuisées, trouva ses pieds fort enflés, et fut saisi d'un grand mal de tête, tellement qu'il ne put aller plus avant. Matthieu, Laurent et Bernard prirent les devants pour porter de ses nouvelles à un navire portugais qui se trouvoit au port de Figen et que commandoit Édouard de Gama. Dès que celui-ci sut que le saint homme étoit proche, il fit venir tous les Portugais qui trafiquoient à Fucheo; et ayant choisi les principaux, il monta à cheval avec eux pour lui aller rendre ses devoirs en cérémonie.

Xavier, qu'un peu de repos rétablit, et qui se douta de l'honneur qu'on lui vouloit faire, s'étoit déjà remis en chemin; mais il n'évita pas tout-à-fait ce qu'il fuyoit. La cavalcade le rencontra à un quart de lieue de Figen, marchant entre les deux seigneurs d'Amanguchi, qui ne l'avoient point quitté, et portant lui-même son paquet. Gama fut surpris de voir en cet équipage un homme si considérable; et mettant pied à terre avec tous les siens, il le salua d'une manière très-respectueuse. Après les premiers complimens, on pria le Père de vouloir bien monter à cheval : mais on ne put jamais l'y résoudre : de sorte que les Portugais firent suivre leurs chevaux, et marchèrent eux-mêmes à pied jusqu'au port.

Le navire étoit équipé de toutes ses pièces, orné d'étendards et de banderoles, selon l'ordre qu'en avoit donné le capitaine. Ceux qui y étoient demeurés paroissoient en armes sur les bords : ils firent leur décharge à la vue du Saint, et toute l'artillerie joua aussitôt. Comme on tira quatre fois de suite, le bruit du canon s'entendit si distinctement à Fucheo, que le peuple en fut effrayé, et le roi s'imagina que les Portugais étoient attaqués par certains corsaires qui, depuis peu, ravageoient ces côtes. Pour s'en éclaircir, il dépêcha un des gentilshommes de sa cour au capitaine du vaisseau.

Gama, montrant le père François au gentilhomme du roi de Bungo, lui dit que ce bruit qui avoit alarmé la ville, n'étoit qu'une légère démonstration de l'honneur qu'on devoit à un si grand personnage, très-chéri du ciel, et très-estimé à la cour de Portugal.

Le Japonais fut ravi en admiration de tout ce qu'il voyoit et entendoit : il en fit à son prince un rapport fidèle, en ajoutant lui-même que les Portugais étoient plus heureux de posséder ce saint homme, que si leur navire étoit plein de lingots d'or.

Le roi de Bungo avoit entendu parler du P. François Xavier, et il désiroit ardemment le voir. Aussi le reçut-il de la manière la plus honorable. Le Saint, dans des conférences publiques, confondit les bonzes qui par des motifs d'intérêt, cherchoient partout à le traverser. Il en convertit cependant quelques-uns. Ses prédications et ses entretiens particuliers touchèrent le peuple, et on venoit en foule lui demander le baptême. Le roi lui-même fut convaincu de la vérité du christianisme, et renonça à des crimes abominables auxquels il s'abandonnoit ; mais un attachement coupable à quelques plaisirs sensuels, l'empêcha de se convertir. Il se rappela depuis les instructions que le Saint lui avoit données : il quitta ses désordres et reçut le baptême (1). Xavier, ayant pris congé du roi, s'embarqua pour retourner dans l'Inde, le 20 Novembre 1551. Il étoit resté au Japon deux ans et quatre mois. Comme il falloit veiller à la conservation de cette chrétienté naissante, il y envoya trois Jésuites que d'autres suivirent bientôt après.

Ils naviguèrent le long des côtes du-

(1) La semence de l'évangile, jetée dans le Japon par saint François Xavier, fructifia au point que quand la persécution s'y alluma, en comptoit dans cet empire 400,000 chrétiens. On se flattoit enfin de l'espérance de convertir tout le Japon ; mais les choses changèrent bientôt de face. Des persécutions s'élevèrent contre les chrétiens, et une multitude innombrable de fidèles souffrirent le martyre avec la constance la plus héroïque.

rant six jours, et la navigation fut heureuse jusqu'au moment où ils cinglèrent en haute mer. Alors la nouvelle lune fit changer le temps, et il s'éleva un vent si furieux, que le pilote ne put tenir contre avec tout son art.

Lorsque la nuit étoit la plus noire, on entendit un cri lamentable, comme de gens qui se croient perdus et qui demandent du secours. Le bruit venoit de la chaloupe, que la violence du vent avoit détachée du vaisseau, et que les flots emportoient.

Dès que le capitaine s'en fut aperçu, il ordonna au pilote de tourner vers ces malheureux, sans considérer qu'en voulant sauver son neveu, qui étoit un des cinq Portugais de la chaloupe, il faisoit périr le navire, et qu'il se perdoit lui-même. En effet, comme le navire étoit difficile à gouverner, quand on voulut le tourner du côté de la chaloupe, il demeura de travers et penché entre deux montagnes d'eau, dont l'une tomba sur la poupe et inonda le tillac. En ce moment-là tous crurent que c'étoit fait d'eux, et ce ne furent que cris et que larmes.

Xavier, qui étoit en prière dans la chambre du capitaine, accourut au bruit, et vit un spectacle pitoyable : le vaisseau près d'être submergé, et les matelots, les soldats et les passagers tous pêle-mêle les uns sur les autres, déplorant leur malheureuse destinée, et n'attendant plus que la mort.

Alors le saint homme levant les yeux et les mains aux ciel, dit tout haut, dans un transport de ferveur, « Jésus, » l'amour de mon ame, secourez-nous, » je vous en prie, par les cinq plaies que » que vous avez reçues pour nous sur » la croix. » Aussitôt le navire, qui couloit déjà à fond, se releva de lui-même, et gagna le dessus de l'eau. Les matelots encouragés par un miracle si visible disposèrent tellement les voiles, qu'ils prirent le vent en poupe, et se remirent sur leur route.

Cependant la chaloupe disparut, et personne ne douta qu'elle n'eût été engloutie dans les flots. Le capitaine pleura son neveu, les autres regrettèrent leurs compagnons. Pour le Père, ce qui l'affligeoit davantage, c'étoit la perte de deux esclaves mahométans qui n'avoient pas voulu se faire chrétiens. Il gémit sur leur état malheureux ; mais, dans ces sentimens, rentrant en lui-même, ou plutôt se recueillant tout en Dieu, il eut la pensée d'implorer la protection du ciel sur la chaloupe, au cas qu'elle ne fût pas encore abîmée.

Il suivit l'inspiration du Saint-Esprit, et sa prière n'étoit pas finie, qu'il se sentit exaucé ; il se tourna alors vers Édouard de Gama qui étoit extrêmement triste, et lui annonça que la chaloupe rejoindroit le navire.

Le capitaine occupé de sa douleur, voyoit trop peu d'apparence à ce que le Père disoit, pour y ajouter foi. Il ne laissa pas, dès le point du jour, de faire monter sur la hune, pour voir si on découvriroit quelque chose ; mais on ne vit rien que la mer toujours fort émue, et toute blanche d'écume.

Le Père, qui s'étoit retiré pour faire oraison, revint deux heures après, avec la même gaieté sur le visage ; et il leur demanda si on n'avoit point vu la chaloupe. Ils répondirent que non.

Il pressa ensuite le capitaine de faire monter à la hune pour voir si la chaloupe ne paroissoit point. Gama, pour contenter le serviteur de Dieu, y monta lui-même avec un matelot ; et après avoir regardé attentivement de tous côtés durant une demi-heure, ils ne virent rien ni l'un ni l'autre.

Cependant Xavier, à qui l'agitation du vaisseau avoit délabré l'estomac, et qui avoit été deux jour et trois nuits sans manger ni sans dormir, fut attaqué de maux de tête très-violens, et pouvoit à peine se soutenir. Un des marchands portugais, le pria de se reposer un peu, et lui offrit pour cela sa chambre. Xavier, qui, par un esprit de mortification, couchoit ordinairement sur le tillac, accepta l'offre, et demanda pour comble de grâce, qu'un valet chinois du marchand se tînt devant la porte de la chambre, afin que personne ne l'interrompît.

Le dessein du Père n'étoit pas de donner du soulagement à son corps. Il se remit en prière, et on sut du valet chinois que, depuis sept heures du matin qu'il se retira, il avoit été à genoux jusqu'au soir, poussant des soupirs et versant des larmes. Il sortit de sa retraite après le soleil couché, et redemanda au pilote si on n'avoit point découvert la chaloupe, qui ne pouvoit être guère éloignée. Le pilote répartit qu'il n'y falloit plus penser, et qu'il n'étoit pas possible qu'elle eût résisté à une si furieuse tempête ; mais que, quand elle auroit échappé du péril par hasard, ou que Dieu l'auroit sauvée par miracle, elle seroit à plus de cinquante lieues de leur bord, et qu'il y avoit de la témérité à croire qu'elle pût revenir.

C'est le propre de la confiance chrétienne d'être assurée et inébranlable au milieu de tous les sujets qu'on a de craindre. Xavier trouva les raisons du pilote bonnes, et ne douta pas pourtant du retour de la chaloupe. Il lui soutint toujours qu'elle n'étoit pas loin, et le conjura d'envoyer quelqu'un à la hune, tandis qu'on voyoit encore clair. Le pilote, moins par complaisance pour le Père, qu'afin de le détromper, y alla lui-même, et n'aperçut rien.

Xavier, sans avoir égard au rapport du pilote, pria instamment le capitaine de faire abaisser les voiles pour donner le temps à la chaloupe de regagner le navire.

L'autorité du saint homme l'emporta sur les raisons du pilote : on baissa l'antenne, et on s'arrêta près de trois heures ; mais enfin les passagers se lassèrent, ne pouvant souffrir davantage le balancement du vaisseau, et chacun cria : *A la voile*. Le Père leur reprocha leur impatience, se saisit lui-même de l'antenne pour empêcher les matelots de tendre les voiles, et, penchant la tête dessus, éclata en soupirs et en sanglots, et répandit un torrent de pleurs.

Il se releva un peu après, et tenant ses yeux attachés au ciel, encore tout baignés de larmes : « Jésus, mon Seigneur
» et mon Dieu, dit-il d'un ton pathé-
» tique, je vous conjure par les souf-
» frances de votre sacrée passion, d'avoir
» pitié de ces pauvres gens qui viennent
» à nous au travers de tant de périls. » Il se remit ensuite comme il étoit, et demeura appuyé sur l'antenne sans dire mot, pendant quelque temps, comme s'il eût été endormi.

Alors un enfant qui étoit assis au pied du mât, s'écria tout-à-coup : *Miracle, miracle, voilà la chaloupe.* Tout le monde s'amassa au cri de l'enfant, et on vit effectivemement la chaloupe à une portée de mousquet. Ce ne furent qu'exclamations et que cris de joie tandis qu'elle approchoit du vaisseau. Cependant la plupart se jetèrent aux pieds de Xavier, et se reconnoissant pour des pêcheurs indignes de posséder un si saint homme, lui demandèrent pardon de leur incrédulité. Mais le Père, confus de se voir traiter de la sorte, s'échappa de leurs mains le plutôt qu'il put, et alla s'enfermer dans une chambre.

Enfin la chaloupe gagna le navire. On remarqua que, quoique les flots fussent fort émus, elle vint droit sans être agitée et qu'elle s'arrêta d'elle-même. On prit garde aussi qu'elle n'eut aucun mouvement jusqu'à ce que les quinze hommes qu'elle portoit fussent entrés dans le vaisseau, et que les matelots l'eussent attachée derrière la poupe.

Le reste de la navigation fut heureux, et on ne vit jamais un temps plus serein. Xavier arriva à Malaca au milieu des réjouissances publiques qu'occasionnoit sa présence. Les habitans accoururent en foule sur le rivage; et aussitôt que le Saint parut, on n'entendit de tous côtés qu'acclamations et que cris de joie.

Xavier pensoit toujours à la mission de la Chine ; mais il ne savoit comment passer dans cet empire. Indépendamment de la difficulté de l'entreprise, les Chinois n'aimoient pas les Portugais, et il étoit défendu aux étrangers d'entrer dans le pays, sous peine de mort ou de prison perpétuelle. Quelques marchands portugais y avoient passé secrètement pour trafiquer, on les découvrit, et quelques-uns d'entre eux perdirent la tête ; ceux qu'on épargna furent chargés de fers, et destinés à mourir en prison. Xavier s'entretint sur ces objets avec dom Pedro de Sylva, l'ancien gouverneur de Malaca, et avec dom Alvarès d'Atayda, qui l'avoit remplacé. Il fut arrêté qu'on pourroit envoyer à la Chine une ambassade au nom du roi de Portugal, pour demander la permission de faire le commerce dans cet empire, parce que si on l'obtenoit, les prédicateurs évangéliques n'éprouveroient plus les mêmes difficultés. Les choses en restèrent là pour le moment. Cependant le Saint s'embarqua pour aller à Goa. Il arriva à Cochin le 24 Janvier 1552. Il y trouva le roi des Maldives, que ses sujets révoltés avoient forcé de prendre la fuite, et de se réfugier auprès des Portugais. Il baptisa ce prince que le P. Hérédia avoit instruit. Le roi des Maldives, désespérant de recouvrer jamais ses états, épousa une portugaise, et mena une vie privée jusqu'à sa mort ; heureux toutefois en ce que la perte de sa couronne lui valut le don de la foi et la grâce du baptême.

Xavier arriva à Goa au commencement de février. Il visita les malades des hôpitaux de la ville, et alla ensuite au collége de Saint-Paul, qui étoit la maison de la Compagnie. Après les embrassemens ordinaires, qui furent plus tendres que jamais, il demanda s'il n'y avoit point de malade dans le collége. On lui dit qu'il n'y en avoit qu'un qui étoit à l'agonie. Aussitôt Xavier le va voir, et récite un évangile sur lui. A la vue du Saint, le moribond reprend ses esprits, et recouvre entièrement sa santé. Les médecins n'en espéroient rien, et on avoit déjà tout préparé pour sa sépulture ; mais il ne désespéroit pas lui-même de sa guérison ; et le jour que Xavier arriva, il disoit d'une voix mourante, que, si Dieu lui faisoit la grâce de voir leur bon Père, il guériroit infailliblement.

Les nouvelles que dit Xavier de l'église du Japon aux pères de Goa, les consolèrent beaucoup, et il fut consolé lui-même en apprenant d'eux l'état de la chrétienté des Indes. Les missionnaires qu'il avoit dispersés avant son départ, se trouvèrent presque tous réunis à son retour. Les uns étoient revenus sur ses lettres et par son ordre; les autres d'eux-mêmes pour des affaires très-pressantes, comme si le Saint-Esprit les eût rassemblés exprès, afin que la présence de l'homme de Dieu redoublât en eux la ferveur religieuse et le zèle apostolique. Dieu avoit béni par-tout leurs travaux. La ville d'Ormuz, qui échut en partage au père Barzée, avoit changé tout-à-fait de face: on y voyoit les idolâtres, les sarrasins et les juifs courir au baptême, des temples d'idoles consacrés à Jésus-Christ, des mosquées et des synagogues désertes, les mœurs réformées, et toutes les mauvaises coutumes abolies.

Le christianisme florissoit plus que jamais dans la côte de la Pêcherie depuis la mort du père Antoine Criminal, qui l'avoit cultivée avec tant de soin, et qui, en la cultivant, avoit été massacré par les Badages. Le sang du martyr sembloit y avoir multiplié les chrétiens : on y en comptoit plus de cinq cent mille, tous fervens, et prêts à mourir eux-mêmes pour leur foi.

L'évangile n'avoit guère fait moins de progrès à Cochin et à Coulan ; à Bazain et à Méliapor, aux Moluques et dans les îles du More. Mais on ne peut dire combien les ouvriers évangéliques travailloient utilement à Goa. Tous les prêtres des idoles avoient été chassés de l'île par l'ordre du gouverneur, à la sollicitation d'un des Pères du collége de Saint-Paul. On défendit même sous des peines rigoureuses de faire aucun acte public d'idolâtrie dans tout le district de Goa ; et ces ordonnances réduisirent peu à peu une infinité de gentils. Pour les Portugais, leur vie étoit réglée. Les gens de guerre vivoient presque en religieux, et il n'est pas imaginable combien leur piété édifioit le peuple.

Mais rien ne toucha Xavier davantage, que la conversion de deux princes qu'on avoit vus à Goa pendant son absence. Le premier étoit le roi de Tanor, royaume situé le long des côtes du Malabar, entre Granganor et Calicut. Ce prince, sarrasin et idolâtre tout ensemble, mais sage, grand guerrier, très-bien fait de sa personne, et poli plus qu'il ne convenoit à un barbare, avoit eu dès ses premières années de l'inclination au christianisme sans le bien connoître. Il en fut charmé, dès qu'il eut été instruit à fond des mystères de la foi par un religieux de saint François qui fréquentoit sa cour. Cependant les guerres qu'eut ce prince avec d'autres rois, durant dix années, l'empêchèrent de recevoir le baptême. Il fut enfin baptisé; mais cela se fit secrètement, et même il vécut toujours en apparence comme un infidèle, pour se ménager avec ses sujets : il en eut néanmoins du scrupule; et, afin de s'éclaircir sur un point si délicat, il pria l'évêque de Goa de lui envoyer un Apôtre : c'est le nom que les Indiens donnoient dès-lors aux Pères de la Compagnie aussi bien que les Portugais.

Le père Gomez, qui fut envoyé au roi de Tanor, lui dit nettement que Dieu vouloit être servi en esprit et en vérité;

que la feinte dans la religion étoit pire que l'irréligion, et que Jésus-Christ auroit honte devant les Anges de ceux qui avoient honte de lui devant les hommes.

Le roi, qui préféroit son salut à sa couronne, crut Gomez, et résolut de se déclarer d'une manière éclatante, dès qu'il se seroit accommodé avec ses ennemis. Ayant fait la paix par l'entremise du Père même, qui la lui avoit conseillé, il vint à Goa malgré ses sujets, qui, ne pouvant rien gagner sur lui par leurs raisons ni par leurs prières, s'étoient saisis de sa personne, et l'avoient enfermé dans une des plus fortes citadelles du royaume. Il s'échappa de sa prison, passa un fleuve à la nage, et, ayant trouvé huit fustes (1) de Goa qu'on avoit envoyées au-devant de lui, il se rendit heureusement dans la ville. L'évêque et le vice-roi le conduisirent à la cathédrale parmi les acclamations du peuple, et ce fut là qu'au pied des autels il fit une publique profession de foi, avec des sentimens et des expressions de piété qui attendrirent tout le monde.

(1) Petit navire.

L'autre prince dont la conversion réjouit extrêmement le père Xavier, fut le roi de Trichenamalo, qui est un des états de Ceylan. Ce roi étant encore au berceau, avoit été mis sur le trône, puis dépossédé, à l'âge de huit ans, par un usurpateur, qui, non content de lui ravir la couronne, voulut lui ôter la vie. Mais il avoit été emmené hors de son royaume par un prince du sang royal, et par quarante seigneurs de sa cour, qui lui cherchèrent un asile chez les chrétiens de la Pêcherie.

Les Paravas le reçurent avec toute la charité qu'on devoit à un enfant de sa naissance, maltraité de la fortune; et ils promirent à ses conducteurs de le servir autant qu'ils pourroient. Mais ils leur conseillèrent en même temps de lui procurer une couronne plus noble et plus durable que la sienne, et ils dirent là-dessus tout ce qu'ils savoient de l'adoption des enfans de Dieu, de l'héritage des Saints et du royaume des Cieux.

Soit que les considérations humaines fissent agir le prince, parent du jeune roi, ou que l'Esprit divin lui touchât le cœur, il consentit à ce que vouloient les Paravas, et se mit lui-même entre les mains du père Henriquez, pour se faire instruire. Les autres seigneurs suivirent son exemple, et tous furent baptisés avec le roi, qui parut avoir dans son baptême des sentimens de piété au-dessus de son âge.

LIVRE CINQUIÈME.

Xavier avoit toutes ses pensées dirigées vers la Chine. Il régla toutes les affaires de la Compagnie à Goa, nomma le père Gaspard Bargée recteur du collége, en remplacement du père Gomez, dont il n'étoit pas entièrement satisfait. Il envoya de nouveaux prédicateurs dans toutes les missions, et il obtint du vice-roi une commission qui nommoit Jacques Pempa ambassadeur en Chine. Ayant ainsi mis ordre à tout, il se disposa à partir.

Tandis qu'on équipoit le navire qui devoit porter les missionnaires de la Chine et du Japon, Xavier assembloit, la nuit, les pères du collége de Saint-Paul, ne pouvant le faire le jour, parce qu'ils étoient occupés depuis le matin jusqu'au soir. Il les entretenoit des vertus que demande la profession apostolique, et il parloit avec tant d'ardeur et tant d'onction, que ce n'étoient que soupirs et que larmes dans l'assemblée, au rapport de quelques-uns qui étoient présens, et qui l'ont laissé par écrit.

Mais les instructions qu'il leur fit en leur disant le dernier adieu, sont bien remarquables; et je ne puis, ce me semble, les mieux rapporter, qu'en faisant parler l'écrivain qui les a recueillis de la bouche du Saint même.

« Le père maître François, dit-il,
» embrassant ses frères avant que de
» s'embarquer pour la Chine, et pleu-
» rant sur eux, leur recommandoit à
» chacun d'être constans dans leur voca-
» tion, d'avoir une humilité profonde,
» qui eût pour principe une véritable
« connoissance de soi-même, et parti-
» culièrement d'obéir avec prompti-
» tude. » Il s'étendit sur ce dernier point, et recommanda l'obéissance comme une vertu très-agréable à Dieu, fort louée par le Saint-Esprit, et absolument nécessaires aux enfans de la Compagnie.

L'apôtre partit de Goa le Jeudi Saint, qui étoit, cette année 1552, le 14 avril. Lorsque le navire approcha de Malaca, on s'aperçut que le saint homme avoit le visage triste, et soupiroit même de douleur. Quelques-uns lui en demandèrent la cause, et il leur dit qu'ils priassent Dieu pour la ville de Malaca, affligée d'une maladie épidémique. Xavier disoit vrai, et la maladie étoit si universelle et si contagieuse, qu'elle sembloit un commencement de peste. On ne voyoit partout que fièvres malignes qui faisoient mourir les plus robustes en fort peu de temps et qui se gagnoient très-promptement.

Jamais la vue de l'homme de Dieu ne fut plus agréable aux habitans de Malaca ; chacun se promit de lui des soulagemens pour le corps, des consolations pour l'ame, et ils ne se trompèrent pas dans leur espérance.

Dès qu'il eut mit pied à terre, il alla chercher les malades, et il trouva auprès d'eux de quoi exercer sa charité en toutes manières. Il n'y en avoit pas un qui ne voulût se confesser au père François et mourir entre ses bras, suivant l'opinion commune, que quiconque avoit ce bonheur se sauvoit infailliblement.

Il alloit avec ses compagnons, de rue en rue, ramasser les pauvres qui languissoient sur le pavé sans aucun secours; il les portoit aux hôpitaux, et au collége de la Compagnie, qu'il changea en hôpital ; quand tout fut plein dans les hôpitaux et dans le collége, il fit construire des cabanes le long de la mer, du débris des vieux vaisseaux, pour servir de logement au reste de ces malheureux. Il leur procura ensuite des alimens et des remèdes qu'il demandoit lui-même pour l'amour de Dieu aux personnes de piété; et il leur rendit jour et nuit toute sorte de services.

Ce qui parut merveilleux, c'est qu'encore qu'on ne pût servir les malades, assister les moribonds, enterrer les morts, sans être frappé du même mal, ni sans en mourir, Xavier et ses compagnons conservèrent toujours leur santé parmi de si périlleux emplois. Mais ce fut un vrai miracle, que la résurrection d'un jeune homme, à qui Dieu rendit la vie en ce temps-là par le ministère de son serviteur.

Ce jeune homme nommé François Ciavus, et fils unique d'une femme pieuse, qui étoit depuis long-temps sous la conduite du Père, s'étant mis dans la bouche, sans y penser, le fer d'une flèche empoisonnée, telle qu'en ont les Orientaux de ce pays-là, mourut tout-à-coup, tant le poison étoit subtil et mortel. On l'ensevelissoit déjà, lorsque Xavier survint par hasard. Il fut si touché des cris et des larmes de la mère, que, prenant le mort par la main, il le fit revenir avec ces paroles, *François, au nom de Jésus-Christ, levez-vous.* Le ressuscité crut dès ce moment n'être plus à lui, et devoir conserver à Dieu une vie miraculeusement recouvrée. Il le fit en effet, et, par reconnoissance pour Xavier, il prit l'habit de la Compagnie.

Dès que la mortalité eut presque tout-à-fait cessé, le Saint se mit à traiter de l'ambassade et du voyage de la Chine, avec don Alvare, gouverneur de Malaca, que le vice-roi chargeoit de l'exécution d'une affaire si importante. Don Alvare avoit fort approuvé cette entreprise lorsque Xavier lui en fit l'ouverture au retour du Japon, et même il promit alors de le favoriser de tout son pouvoir. Mais l'envie et l'intérêt sont deux passions qui étouffent les sentimens les plus raisonnables, et qui font oublier les engagemens les plus solennels.

Alvare, mécontent de Pereyra, traversa le projet de l'ambassade. Xavier allégua inutilement l'autorité du roi, et l'ordre du vice-roi. Alvarez entra en fureur et le traita de la manière la plus outrageante. Le Saint continua ses sollicitations pendant un mois, sans pouvoir rien obtenir. Enfin, il menaça le gouverneur de l'excommunication, s'il persistoit de s'opposer à la propagation de l'évangile. Il produisit les brefs de Paul III, qui l'établissoient nonce apostolique, et dont il n'avoit rien dit par humilité, depuis son arrivée dans les Indes. Le gouverneur se moqua de ces menaces, en sorte que le grand-vicaire de l'évêque lança contre lui une sentence d'excommunication.

Le gouverneur fut depuis déposé, pour ses extorsions et pour d'autres crimes, et conduit chargé de fers à Goa, par l'ordre du roi.

Xavier, voyant que le projet de l'ambassade ne pouvoit avoir lieu, résolut de s'embarquer sur un vaisseau portugais qui partoit pour l'île de Sancian, près de Macao, sur la côte de la Chine.

Il y avoit sur le navire plus de cinq cents hommes, en comptant les gens de service et les passagers. Ils étoient déjà fort avancés dans leur voyage, lorsque le vent tomba tout-à-coup, et qu'en moins de rien les flots s'aplanirent de telle sorte que le navire demeura immobile comme s'il eût été au port ou à l'ancre.

Pendant ce calme, qui dura quatorze jours, l'eau vint à manquer, et quelques-uns moururent d'abord. On alla de tous côtés avec la chaloupe, pour découvrir quelque côte où l'on trouvât des fontaines. Comme ils étoient bien avant en mer, ils ne découvrirent que la Formose, du moins crurent-ils que l'île qui parut étoit celle-là. Ils tâchèrent de gagner le rivage; mais en sept jours qu'ils firent tous leurs efforts pour cela, ils ne purent en venir à bout.

Cependant le navire étoit rempli de malades qu'une soif cruelle cousumoit; et ils seroient tous morts sans ressource, si l'un d'eux, faisant réflexion que le père Xavier pouvoit tout auprès de Dieu, n'eût réveillé les autres là-dessus; s'étant tous traînés devant lui, ils le conjurèrent, avec plus de larmes que de paroles, d'obtenir du Ciel de l'eau ou du vent.

Xavier leur dit qu'ils s'adressassent eux-mêmes à Dieu, leur fit réciter les litanies à genoux au pied d'un grand crucifix, et leur ordonna de se retirer, et d'avoir confiance en Jésus-Christ. Il se retira de son côté, dans une chambre, d'où étant sorti peu de temps après, il descendit dans la chaloupe avec un enfant, et, lui ayant fait goûter l'eau de la mer, lui demanda si elle étoit douce ou salée. L'enfant répondit qu'elle étoit salée : il lui ordonna d'en goûter tout de nouveau, et l'enfant dit qu'elle étoit douce.

Alors le Père étant remonté, fit emplir d'eau tous les vases du navire ; mais quelqu'un se pressant de boire, trouva l'eau salée. Le Saint fit le signe de la croix sur les vases : au même moment l'eau perdit son goût naturel, et devint si bonne, que tous protestèrent qu'elle étoit meilleure que celle de Bangar, dont les gens de mer faisoient leur provision ordinaire, et qui passoit pour la plus excellente eau des Indes.

Ce miracle frappa tellement des Arabes sarrasins qui transportoient leurs familles entières à la Chine, que, se jetant aux pieds du saint homme, ils confessèrent le Dieu des chrétiens et demandèrent le baptême. Les fidèles, de leur côté, admiroient le père François, et le remercioient tous ensemble de leur avoir sauvé la vie. Mais le Père leur disoit que c'étoit à Dieu, et non pas à un pécheur comme lui, qu'il falloit rendre des actions de grâces.

La plupart des matelots et des passagers gardèrent par dévotion de cette eau miraculeuse, d'abord comme une marque du miracle, ensuite comme un remède céleste; car cette eau, portée aux Indes, guérit un grand nombre de malades, et c'étoit assez d'en mettre deux ou trois gouttes dans un breuvage pour recouvrer la santé.

Durant la navigation, un enfant de cinq ans étant sur le bord du navire, tomba dans la mer lorsque le vaisseau, qui avoit le vent en poupe, pencha un peu. Le père de l'enfant fut inconsosolable, et sa douleur ne lui permit pas de paroître durant trois jours. Il étoit mahométan, et le miracle de l'eau ne l'avoit pas converti. Il parut enfin, mais pleurant toujours et ne cessant point de regretter son fils unique. Xavier, qui ne savoit pas ce malheur, demanda au mahométan quelle étoit la cause de ses larmes. L'ayant appris, il se recueillit un peu, et lui dit : *Si Dieu vous rend votre fils, me promettez-vous de croire en Jésus-Christ et de vous faire chrétien de bonne foi ?* L'infidèle le lui promit, et trois jours après, avant le lever du soleil, on vit l'enfant sur le tillac. L'enfant ne savoit pas ce qu'il étoit devenu durant ces six jours, et il se souvenoit seulement d'être tombé dans la mer, sans pouvoir dire comment il étoit revenu au vaisseau. Son père pensa mourir de joie en le revoyant ; et Xavier n'eut pas besoin de faire souvenir l'infidèle de ce qu'il avoit promis. Il vint de lui-même se présenter, accompagné de sa femme, de son fils et de son valet : tous quatre furent baptisés, et l'enfant fut nommé François.

Les gens du navire qui avoient été témoins de ces deux miracles, en parlèrent aux habitans d'une île nommée Cincheo, où l'on passa, et qui étoit un lieu de trafic plein de marchands étrangers. L'envie de voir un homme si admirable fit venir un jour, au navire, environ soixante personnes, les uns Ethiopiens, les autres Indiens, tous idolâtres ou mahométans. Xavier leur prêcha d'abord l'évangile, et les instruisit des saintes pratiques du christianisme. Il n'eut pas plutôt achevé de parler, qu'ils crurent en Jésus-Christ et reçurent le baptême.

De Cincheo, le navire continua sa route vers Sancia, qui n'est éloignée que de six lieues de la terre ferme vis-à-vis de Canton, ville de la Chine.

Les Portugais le reçurent avec la plus grande joie; mais elle se changea en tristesse, dès qu'ils surent qu'il n'étoit venu à Sancian que pour passer à la Chine. Ils tâchèrent tous de le faire renoncer à son dessein, en lui remettant devant les yeux les lois rigoureuses de l'empire; mais rien ne fit impression sur l'esprit du Saint. Il avoit pris son parti pour d'autres raisons plus fortes, et il répondit aux marchands ce qu'il écrivit alors au père François Perez, qu'il ne pouvoit pas se défier de la divine bonté, et que sa défiance seroit d'autant plus criminelle, qu'une puissante inspiration du Saint-Esprit le portoit à enseigner aux Chinois la loi du vrai Dieu. « Je suis choisi, disoit-il, pour une si » haute entreprise par une grâce spéciale » du Ciel. Si je doutois de l'exécution, » et qu'effrayé des difficultés je man- » quasse de courage, ne seroit-ce pas » quelque chose de pire que tous les » maux dont l'on me menace? Mais, » que peuvent contre moi les démons et » leurs ministres, que ce qu'il plaira au » souverain Maître du monde de leur » permettre? Et si ce grand Dieu me pro- » tége, qu'ai-je à craindre? »

Les Portugais se persuadant qu'une volonté si déterminée venoit en partie de ce que l'homme de Dieu ne concevoit pas assez le péril, ou de ce qu'il croyoit qu'on lui exagéroit trop les choses, ils lui députèrent des marchands chinois avec qui ils trafiquoient, pour lui faire entendre raison là-dessus. Mais la chose tourna tout autrement qu'ils ne pen- soient. Ces Chinois, à qui Xavier ne manqua pas de parler du christianisme, et qui étoient des hommes de bon sens, lui conseillèrent de passer à la Chine, au lieu de l'en détourner. Ils l'avertirent seulement de porter des livres qui contenoient toute la doctrine chrétienne, et ils ajoutèrent que, depuis peu, l'empereur avoit envoyé des gens doctes dans les royaumes voisins pour s'informer des religions qui étoient différentes de la chinoise ; qu'ils s'imaginoient que celle dont les chrétiens faisoient profession seroit bien reçue à la cour, et qu'il leur sembloit que la nouveauté d'une loi si raisonnable serviroit de passe-port à celui qui l'y porteroit le premier.

Xavier fut ravi de voir l'ouverture qu'il y avoit à l'Évangile parmi la nation du monde la plus polie, et ne douta pas que la religion des chrétiens venant à être comparée avec les sectes de l'Orient par des esprits judicieux, n'eût l'avantage sur elles. Encouragé donc tout de nouveau à poursuivre son dessein, il commence par chercher un bon interprète ; car le chinois Antoine qu'il avoit amené de Goa, ne savoit point la langue de la cour, et avoit presque oublié celle du peuple. Il trouva un autre Chinois, qui, non-seulement avoit une parfaite connoissance du langage des mandarins, mais aussi qui savoit très-bien écrire ; homme, du reste, fort bien fait, d'un beau naturel et d'une conversation agréable, sur-tout qui paroissoit entièrement dévoué aux Chrétiens.

Il y eut plus de peine à trouver des matelots qui voulussent mener le Père; car il n'y alloit pas moins de la vie pour qui que ce soit qui l'eût entrepris. Mais l'intérêt fait oser et hasarder tout à ceux qui aiment l'argent plus que leur vie même. Un marchand chinois, nommé Capoceca, s'offrit de conduire Xavier dans la province de Canton, pourvu qu'on le payât bien, et il demanda deux cents pardos. Le Père l'accorda, et l'obtint de ses amis. Il ne restoit plus qu'à convenir de la manière dont la chose s'exécuteroit.

Le Chinois promit de prendre Xavier la nuit dans sa barque, et de le jeter, avant le jour, sur un rivage éloigné des habitations maritimes; que si néanmoins cette voie ne paroissoit pas assez sûre, il s'engageoit à cacher le Père dans sa maison, et à l'exposer de grand matin aux portes de Canton quatre jours après. Mais il vouloit que Xavier s'engageât, de son côté, à s'aller présenter d'abord au mandarin avec les lettres que le vice-roi des Indes et l'évêque de Goa écrivoient à l'empereur; car le Saint avoit retenu ces lettres, qui étoient pour l'ambassade que don Alvare rompit. Le Chinois exigeoit, au reste, un secret inviolable, et il obligea le Père à jurer que les plus cruels tourmens ne lui feroient jamais dire ni le nom, ni la maison de celui qui l'auroit débarqué.

Le Père promit et fit tout ce qu'on désira, non sans connoître le péril où il s'exposoit, ainsi qu'il demanda à un de ses chers amis. « Je vois, dit-il,
» deux dangers presque inévitables en
» cette affaire; d'un côté, il y a grand
» sujet de craindre que le marchand
» idolâtre ayant reçu le prix du passage
» ne me jette dans la mer, ou ne m'a-
» bandonne en quelque île déserte; d'un
» autre, que le gouverneur de Canton
» ne décharge sa fureur sur moi, et
» que, pour intimider tous les étrangers,
» il ne me fasse mourir dans les tour-
» mens, ou ne me condamne à une
» prison perpétuelle. Mais, pourvu que
» je suive la voix qui m'appelle et que
» j'obéisse au Seigneur, je compte pour
» rien ma liberté et ma vie. »

Lorsque le voyage de la Chine étoit

en ces termes, et que tout sembloit le favoriser, les Portugais de Sancian y mirent un obstacle, auquel Xavier ne s'attendoit pas. L'amour du gain leur fit craindre que son zèle ne leur attirât de très-méchantes affaires ; et ils se disoient les uns aux autres que le mandarin, gouverneur de la province de Canton, se vengeroit sans doute sur eux de la hardiesse d'un de leurs compatriotes ; que l'on viendroit par son ordre piller leurs navires, et que leur vie ne seroit pas en sûreté. Dans cette frayeur publique, qui n'étoit pas mal fondée, et qui s'augmentoit de jour en jour, les plus riches s'adressèrent au père François, le conjurèrent d'avoir pitié d'eux, de leurs femmes et de leurs enfans, s'il n'avoit pas pitié de lui-même.

Xavier qui ne ménageoit pas moins les intérêts d'autrui qu'il négligeoit les siens propres, trouva un expédient qui les satisfit. Il leur engagea sa parole qu'il ne passeroit point à la Chine qu'ils n'eussent terminé toutes leurs affaires, et qu'ils ne fussent partis de Sancian. Cela donna lieu au marchand chinois, avec qui il avoit traité de faire un petit voyage, sous promesse néanmoins de revenir en un certain temps.

Sur ces entrefaites, le Père tomba malade d'une fièvre assez violente qui lui dura près de quinze jours. Les Portugais prirent de là occasion de lui dire que le ciel se déclaroit contre le voyage de la Chine ; mais, étant guéri, il suivit son dessein avec plus de chaleur que jamais. Tandis que les marchands chargeoient leurs vaisseaux, il s'entretenoit lui-même, jour et nuit, de la conversion des Chinois, et tout son plaisir étoit de penser quel bonheur ce seroit pour lui d'affranchir de la tyrannie du démon le plus vaste empire de la terre : *Si toutefois*, disoit-il, *Dieu veut bien employer un aussi vil instrument que moi pour une si glorieuse entreprise.*

Occupé de ces pensées, il se promenoit souvent au bord de la mer, et tournant les yeux du côté de la Chine, il poussoit de profonds soupirs. Il disoit quelquefois en confidence à ses amis, qu'il ne souhaitoit que d'être exposé aux portes de Canton, et qu'il ne se soucioit pas du reste, heureux s'il annonçoit Jésus-Christ aux Chinois, plus heureux s'il mouroit pour Jésus-Christ.

Cependant tous les navires portugais firent voile vers les Indes, hors la Sainte-Croix, qui n'avoit pas encore sa charge complète. Xavier donna aux marchands qui partoient diverses lettres pour Malaca et pour Goa. Il écrivit à son ami Jacques Pereyra, en des termes pleins de reconnoissance et de charité. « Dieu vous
» récompense abondamment, disoit-il,
» dans sa lettre, puisque je ne puis le
» faire moi-même. Du moins, tandis que
» je vivrai, je ne manquerai pas de prier
» la bonté divine qu'elle vous donne pen-
» dant votre vie sa sainte grâce avec une
» parfaite santé, et, après votre mort,
» la félicité éternelle. Mais, comme je
» suis persuadé que je ne saurois m'ac-
» quitter par-là des grandes obligations
» que je vous ai, je supplie tous ceux
» de la Compagnie qui sont aux Indes,
» de demander à Dieu les mêmes choses
» pour vous. Au reste, si j'entre dans la
» Chine, et si l'Evangile y entre avec
» moi, c'est à vous, après Dieu, à qui
» on en sera redevable. Vous en aurez le
» mérite devant Dieu, et la gloire devant
» les hommes. Ainsi, et les Chinois qui
» embrasseront la foi de Jésus-Christ,

» et ceux de notre Compagnie qui seront
» à la Chine, devront offrir sans cesse
» des vœux au Ciel en votre faveur. Dieu
» nous fasse la grâce de nous voir un jour
» à la cour du roi de la Chine. Je pense,
» pour moi, que si j'entre dans le royau-
» me, et que vous y veniez, vous me
» trouverez prisonnier à Canton ou à Pe-
» kin, qui est la ville royale ; et je prie
» le Seigneur, par son infinie miséri-
» corde, de nous joindre dans le royaume
» de la Chine, ou au moins dans le
» royaume du Ciel. »

Il écrivit par la même voie au père François Perez, supérieur de Malaca. Il lui ordonnoit, en vertu de la sainte obéissance, de sortir au plutôt d'une ville si malheureuse, et de conduire ses inférieurs à Cochin, où il l'établissoit recteur du collége, en la place d'Antoine Heredia, qu'il envoyoit à Goa.

Parmi les marchands portugais qui abandonnèrent le Saint, il y en eut un qui se retira plus promptement que les autres, sans rien dire au père Xavier, à qui il avoit donné retraite en sa cabane, ni sans attendre un vaisseau chinois qu'il avoit acheté au port de Canton.

Un jour que le Père disoit la messe de grand matin, ce marchand mit à la voile, et s'enfuit avec une grande précipitation, comme si l'île dût être engloutie par la mer ce jour-là. Après la messe, Xavier regardant de tous côtés, et ne voyant point celui qu'il cherchoit des yeux : *Où est mon hôte*, dit-il en homme inspiré ? Ayant appris que le marchand étoit déjà en haute mer : *Qui le force de partir*, continua-t-il? *Pourquoi n'attendre pas le navire qui vient de Canton ? Et où sa malheureuse destinée l'entraine-t-il ?* Le soir même on vit arriver le vaisseau chinois. Pour le marchand fugitif, il n'eut pas plutôt gagné Malaca, qu'étant allé chercher dans un bois de quoi radouber son navire, il y fut poignardé par des voleurs.

Tous les vaisseaux portugais étant partis, hors celui qui appartenoit au gouverneur de Malaca, ou plutôt dont le gouverneur s'étoit emparé injustement, Xavier fut réduit à une telle disette de toutes choses, qu'à peine pouvoit-il trouver de quoi vivre. Certainement il y a lieu de s'étonner que des gens à qui il avoit sauvé la vie en changeant l'eau de la mer en eau douce, eussent la dureté de le laisser mourir de faim. Quelques-uns ont cru que don Alvare leur avoit donné ordre de refuser tout au père François : mais sans doute que la Providence, qui le vouloit éprouver de la manière dont elle éprouve quelquefois ceux qu'elle aime davantage, permit ce délaissement pour l'entière perfection du Saint.

Ce qui le toucha plus, c'est que l'interprète chinois qui lui avoit fait des offres si avantageuses, retira sa parole, ou de lui-même par la crainte du péril, ou à la sollicitation des gens dévoués au gouverneur de Malaca. Le Père ne perdit pas néanmoins courage. Il espéra que Dieu l'aideroit par une autre voie, et qu'au pis aller Antoine de Sainte-Foi lui serviroit de truchement. Mais, pour comble de malheur, le marchand qui devoit l'introduire dans la Chine ne revint point au temps assigné, et il l'attendit en vain plusieurs jours.

Trompé de ce côté, il ne perdit pas l'espérance, et il eut une autre ressource. On avoit appris que le roi de Siam, voisin de Malaca et ami des Portugais, préparoit, pour l'année suivante, une magnifique ambassade vers l'empereur de la Chine. Xavier résolut donc de retourner à Malaca par la première occasion, et de mettre tout en œuvre pour passer à la Chine avec l'ambassadeur de Siam.

Mais la Sagesse éternelle qui inspire quelquefois de grands desseins à ses serviteurs, ne veut pas toujours qu'ils les exécutent, quoiqu'elle veuille que, de leur côté, ils n'épargnent rien pour l'exécution.

Dieu traita Xavier comme il fit autrefois Moïse, qui mourut à la vue de la terre où il avoit ordre de conduire les Israélites. Le père François fut saisi de la fièvre le 20 Novembre, et il eut en même temps une connoissance certaine du jour et de l'heure de sa mort, comme il déclara franchement au pilote du navire François d'Aghiar, qui le témoigna depuis avec un serment solennel.

Dès ce moment, il sentit un dégoût extrême pour toutes les choses de la terre, et ne pensa plus qu'à la céleste patrie où Dieu l'appeloit. Etant fort abattu par la fièvre, il se retira dans le vaisseau qui étoit l'hôpital commun des malades, pour mourir en pauvre, et le capitaine Louis Almeyda le reçut, malgré tous les ordres de son maître don Alvare.

Comme l'agitation du vaisseau causoit au Saint de grands maux de tête, et l'empêchoit d'être aussi appliqué à Dieu qu'il eût voulu, il pria, le jour suivant, Almeyda de le faire remettre à terre. On le transporta, et on le laissa sur le rivage, exposé aux injures de l'air et de la saison, sur-tout à un vent du nord très-piquant qui souffloit alors. Il seroit mort là, sans aucun secours, si un Portugais, plus charitable que les autres, nommé George Alvarez, ne l'eût fait porter dans sa cabane, qui ne valoit pourtant guère mieux que le rivage, et qui étoit ouverte de toutes parts.

Le mal s'étant déclaré par une douleur de côté fort aiguë et par une grande oppression, Alvarez fut d'avis qu'on saignât Xavier, et le Père y consentit par une déférence aveugle au sentiment de son hôte, bien qu'il sût que tous les remèdes seroient inutiles. Un chirurgien du navire, homme mal adroit et peu expérimenté dans son art, le saigna si mal, que les nerfs furent offensés, et que le malade tomba en foiblesse et en convulsion. On ne laissa pas de lui tirer du sang une autre fois, et la seconde saignée eut tous les mêmes accidens que la première. Outre cela, elle fut suivie d'un dégoût horrible, en sorte que le malade ne pouvoit rien prendre : aussi sa nourriture la plus délicate se réduisoit à un peu d'amandes que le capitaine du vaisseau lui donna par charité.

Le mal croissoit d'heure en heure, et la nature s'affoiblissoit chaque jour ; mais son visage étoit toujours serein et son esprit calme. Il regardoit tantôt le ciel, et tantôt le crucifix, en faisant des colloques amoureux avec son Dieu, et en répandant beaucoup de larmes.

Il demeura en cet état jusqu'au 28 Novembre, que la fièvre augmenta singulièrement ; il ne parla que de Dieu et de son passage à la Chine, et en des termes plus tendres et plus ardens que jamais.

Il perdit ensuite la parole, et ne la recouvra que trois jours après. Les forces lui manquèrent alors tout-à-fait, de sorte qu'on crut à tout moment qu'il alloit expirer. Il revint cependant encore, et, ayant l'esprit libre aussi bien que la parole, il recommença tout haut ses entretiens avec Dieu. Ce n'étoit qu'aspirations pieuses, que prières courtes, mais vives et affectueuses. Ceux qui l'assistoient n'entendoient pas tout ce qu'il disoit, parce qu'il parloit toujours latin; et Antoine de Sainte-Foi, qui ne le quitta point, a rapporté seulement que l'homme de Dieu répétoit souvent : *Jesu, fili David, miserere mei;* et ces paroles qui lui étoient si familières : *O sanctissima Trinitas!* Il disoit aussi, en invoquant la Reine du Ciel : *Monstra te esse matrem.*

Il passa deux jours sans prendre nulle nourriture; et, ayant fait porter dans le navire les ornemens dont il se servoit pour dire la messe, et les livres qu'il avoit composés pour l'instruction des peuples de l'Orient, il se disposa à sa dernière heure, qui étoit fort proche.

Outre Antoine de Sainte-Foi, il y avoit auprès de lui un jeune homme Indien, qu'il avoit amené de Goa. Le Saint, tout mourant, jeta les yeux sur ce jeune homme, et parut troublé en le regardant; puis, avec un air de compassion, il dit par deux fois : « Ah! mi-

» sérable ! » et versa des larmes. Dieu fit connoître alors au père Xavier la funeste mort de l'Indien, qui, cinq ou six mois après, s'étant jeté dans des débauches honteuses, fut tué sur-le-champ d'un coup d'arquebuse.

Enfin, le 2 Décembre, qui étoit un vendredi, ayant les yeux tout baignés de larmes et tendrement attachés sur son crucifix, il prononça ces paroles : *Seigneur, j'ai mis en vous mon espérance; je ne serai jamais confondu;* et, en même temps, transporté d'une joie céleste, qui parut sur son visage, il rendit doucement l'esprit, vers les deux heures après midi, l'an 1552.

Il avoit quarante-six ans, et il en avoit employé dix et demi dans les Indes. Sa taille étoit un peu au-dessus de la médiocre, sa constitution robuste, son air également agréable et majestueux. Il avoit le coloris beau, le front large, le nez bien proportionné, les yeux bleus, mais vifs et perçans, les cheveux et la barbe d'un châtain obscur. Ses travaux continuels le firent blanchir de bonne heure, et il étoit presque tout blanc la dernière année de sa vie.

Quand on sut que le père François venoit d'expirer, plusieurs du navire, et même des plus dévoués au gouverneur de Malaca, accoururent à la cabane. Ils lui trouvèrent le visage aussi vermeil que s'il eût été vivant, et, à la première vue, ils ne purent presque croire qu'il fût mort. Dès qu'ils l'eurent regardé de près, la piété se rendit en eux maîtresse de tous les autres sentimens : ils se mirent à genoux, lui baisèrent les mains avec révérence, et se recommandèrent même à lui les larmes aux yeux, comme ne doutant pas que son ame ne jouît de Dieu dans le Ciel.

Le corps ne fut mis en terre que le dimanche suivant, vers le midi. Ses funérailles se firent sans aucune cérémonie, et hors Antoine de Sainte-Foi, François d'Aghiard, et deux autres, personne n'y assista. Un historien des Indes a écrit que le froid insupportable qu'il faisoit ce jour-là en fut cause; mais apparemment la crainte qu'eurent les gens du navire de s'attirer l'indignation du gouverneur de Malaca, y eut pour le moins autant de part que le froid. On lui ôta sa soutane toute déchirée, que les quatre qui lui rendirent les derniers devoirs divisèrent entre eux par dévotion, et on l'habilla de ses habits sacerdotaux.

George Alvarez eut ensuite soin de faire mettre le corps dans une caisse assez grande, à la manière des Chinois. Il fit remplir la caisse de chaux vive, afin que les chairs étant plutôt consumées, on pût emporter les os sur le vaisseau qui devoit dans peu de mois retourner aux Indes.

A la pointe du port, une colline s'élevoit, au pied de laquelle étoit un petit pré, où les Portugais avoient planté une croix. C'est proche de cette croix que le Saint fut enterré. On dressa deux monceaux de pierre, l'un du côté de la tête, et l'autre du côté des pieds, pour marquer le lieu de la sépulture.

LIVRE SIXIÈME.

Deux mois et demi après la mort du Saint, le navire qui étoit au port de Sancian étant sur le point de faire voile vers les Indes, Antoine de Sainte-Foi et George Alvarez prièrent le capitaine Louis Almeyda de ne pas laisser dans l'île ce qui restoit du père François.

Un des gens d'Almeyda ouvrit le cercueil par l'ordre de son maître, le 17 Février 1553, pour voir si les chairs étoient toutes consumées, et si l'on pourroit ramasser les os; mais ayant ôté la chaux de dessus le visage, il le trouva frais et vermeil, comme celui d'un homme qui dort doucement. Sa curiosité le porta à visiter le corps; il le trouva aussi très-entier et sans aucune marque de corruption : pour s'en assurer davantage, il coupa un peu de chair de la cuisse droite auprès du genou, et il vit le sang couler.

Il courut en même temps dire au capitaine ce qu'il avoit vu. Tous aussitôt se transportèrent sur le lieu de la sépulture, et, ayant examiné curieusement le corps de tous côtés, ils le trouvèrent aussi entier et sans aucune corruption. Les habits sacerdotaux dont il étoit revêtu n'avoient été nullement endommagés par la chaux; et, ce qui étonna le plus tout le monde, le saint corps exhaloit une odeur si douce et si agréable, qu'au rapport de plusieurs qui étoient présens, les parfums les plus exquis n'en approchoient point, et qu'il paroissoit que c'étoit une odeur céleste.

Alors ces gens qui, pour flatter la passion du gouverneur de Malaca, avoient maltraité le père Xavier pendant sa vie, l'honorèrent enfin après sa mort, et plusieurs lui demandèrent pardon avec larmes de l'avoir abandonné dans sa maladie par une lâche complaisance. Dans ces sentimens de piété, ayant remis sur le corps la chaux qu'on en avoit ôtée pour le voir, ils portèrent au navire ce sacré dépôt, et mirent à la voile peu de temps après, s'estimant heureux de porter aux Indes un si grand trésor.

Ils arrivèrent à Malaca le 22 Mars, sans avoir rencontré sur leur route nul de ces tourbillons terribles qui infestent toutes ces mers, comme si la présence du corps les eût dissipés. Avant que de gagner le port, ils envoyèrent la chaloupe pour avertir la ville du présent qu'ils venoient lui faire. Quoiqu'il n'y eût plus personne de la Compagnie dans Malaca, et que la peste y fût très-violente en ce moment, toute la noblesse et tout le clergé vinrent, avec Jacques Pereyra, jusqu'au rivage, recevoir le corps chacun un cierge à la main, et ils le portèrent en cérémonie à l'église de Notre-Dame-du-Mont, suivis d'une foule de chrétiens, de mahométans et d'idolâtres, qui, à cet égard, sembloient tous n'avoir qu'une même religion.

Le seul don Alvare d'Atayde manqua de révérence pour le Saint : il jouoit dans son palais, lorsque la procession passa, et, au bruit du peuple, mettant la tête à la fenêtre, il traita la dévotion publique de simplicité et de sottise ; après quoi il se remit froidement au jeu. Mais son impiété ne demeura pas impunie.

Le vice roi des Indes, sur les plaintes qu'on lui fit des vexations tyranniques de don Alvare, le priva du gouvernement de Malaca, et, l'ayant fait amener à Goa comme prisonnier d'état, l'envoya en Portugal sous bonne garde. Là, tous ses biens furent confisqués à la chambre royale; et, pour lui, il fut condamné à une prison perpétuelle. Avant que de partir des Indes, il avoit une maladie honteuse, qui s'augmenta extrêmement en Europe, et dont il mourut enfin, sans aucun secours; tant la puanteur de son corps le rendit insupportable à tout le monde.

Pour Pereyra, qui avoit sacrifié tout à la religion, et que le gouverneur dépouilla si injustement, le roi don Jean III lui rendit son bien avec usure, et le combla de faveurs les années suivantes, selon la prophétie de Xavier.

La dévotion du peuple fut récompensée sur-le-champ. La peste qui, depuis quelques semaines, désoloit la ville, comme le Saint l'avoit prédit avant sa mort, en écrivant au père François Perez, cessa tout-à-coup, en sorte que le mal ne se communiqua plus, et que ceux qui en avoient été frappés, guérirent sans aucun remède. Outre la maladie contagieuse, la famine faisoit mourir tous les jours une infinité de personnes. Ce second fléau fut détourné au même temps ; car, avec le navire qui étoit chargé du corps de l'homme de Dieu, divers vaisseaux arrivèrent au port de Malaca, et y apportèrent toutes sortes de provisions et de vivres.

Des faveurs si considérables devoient obliger les habitans à honorer leur bienfaiteur d'une sépulture digne de lui. Cependant, soit que la crainte du gouverneur les retînt, soit que Dieu le permît pour la plus grande gloire de son serviteur ; ayant tiré le corps du cerceuil, ils l'enterrèrent hors de l'église, dans le lieu où l'on enterroit ordinairement les gens du commun.

Ce saint dépôt demeura ainsi sans honneur jusqu'au mois d'Août, que le père Jean Beira vint de Goa pour retourner aux Moluques avec deux compagnons que le vice-provincial, Gaspard Barzée, lui avoit donnés, suivant l'ordre du père Xavier.

Comme il aimoit tendrement le Saint, il eut une très-sensible affliction de sa mort, et il ne put se résoudre à partir pour les Moluques, sans voir le corps dont on lui disoit tant de merveilles. En ayant parlé à Jacques Pereyra et à deux ou trois autres amis du défunt, ils le déterrèrent secrètement une nuit. Le corps fut trouvé entier, frais, et sentant très-bon, sans que l'humidité de la terre, pendant cinq mois, l'eût altéré le moins du monde; on trouva même le linge qui avoit été mis sur son visage, teint d'un sang vermeil.

Un spectacle si surprenant les toucha, et ils ne crurent pas devoir remettre le corps en terre, et formèrent le dessein de le transporter à Goa. Pereyra fit faire un cercueil d'un bois précieux, et, après qu'on l'eut garni d'un riche damas de la Chine, on y mit le corps enveloppé d'un drap d'or, avec un oreiller de brocard sous la tête. Le cercueil fut posé ensuite dans un lieu très-propre, qui n'étoit connu que de ces fidèles amis du père François; et Dieu voulut bien déclarer par un miracle évident que leur zèle lui plaisoit; car un cierge qu'ils allumèrent devant le cercueil, et qui, en moins de dix heures devoit être consumé, dura dix-huit jours entiers, brûlant jour et nuit.

On embarqua ensuite le corps pour Goa sur un bâtiment, si usé et si mal en ordre, que personne n'osoit s'embarquer dessus ; mais quand on sut que ce navire devoit porter le corps du père François, chacun s'empressa pour y avoir place, ne doutant pas qu'on n'y fût en sûreté ; et les passagers n'eurent pas lieu de se repentir de leur confiance ; car enfin Dieu les délivra plus d'une fois miraculeusement du naufrage.

Une furieuse tempête jeta d'abord le navire sur des bancs de sable, et la quille y entra si avant, qu'on ne pouvoit en sortir, lorsque, contre toutes les apparences, il se leva du côté de la proue un vent qui dégagea le vaisseau ; et, afin qu'on vît que c'étoit la main de Dieu qui agissoit, ce souffle cessa en un instant, dès que la quille fut hors du sable.

Peu de temps après, à l'entrée du golfe de Ceylan, ils donnèrent impétueusement dans des écueils couverts. Le gouvernail ayant sauté de la violence du coup, on demeura engagé par la quille dans le rocher, et ce fut un miracle que le navire, qui étoit si vieux, ne se brisât point tout-à-fait.

Les matelots firent en cette rencontre ce qu'on fait ordinairement en un extrême péril ; ils coupèrent les mâts à coups de hache ; et, comme cela ne servit de rien, ils voulurent jeter toutes les marchandises dans la mer pour soulager le navire ; mais la furie des flots qui le battoient de tous côtés et qui l'agitoient étrangement, ne leur permit pas de le faire.

Alors ils eurent recours à l'intercession du Saint dont ils portoient le corps à Goa. L'ayant tiré de la chambre du pilote et posé sur le tillac, ils se mirent à genoux à l'entour avec des flambeaux allumés ; et, comme si le père Xavier eût été encore vivant, et qu'il les eût vus et les eût ouïs, ils le conjurèrent de les sauver de la mort.

A peine leur prière fut-elle finie, qu'on entendit un grand bruit sous le vaisseau, et que le rocher s'étant fendu, le navire trouva un passage libre.

Ils continuèrent ensuite leur route gaiement ; et, ayant tourné vers le cap de Comorin, ils prirent terre à Cochin. Toute la ville vint rendre ses devoirs à son maître et à son père bien-aimé ; et il n'est pas croyable quels furent les sentimens de piété que le peuple fit paroître. De Cochin, ils firent voile jusqu'à Baticala. La femme d'Antoine Rodriguez, officier royal, qui étoit malade depuis long-temps, espéra de guérir, si elle pouvoit voir le père François. Elle se fit porter au navire, et, à la vue du Saint mort, elle recouvra sa santé en un instant. Non contente de sa guérison, elle voulut avoir une petite pièce du bout de la chasuble dont le Père étoit revêtu, et on ne sauroit imaginer combien elle guérit elle-même de malades avec cette précieuse relique.

Le navire étant à vingt lieues de Goa, et ne pouvant guère avancer à cause d'un vent contraire, le capitaine se mit dans la chaloupe avec quelques-uns de ses gens, et gagna la ville à force de rames, pour donner lui-même au vice-roi et aux Pères de la Compagnie les premières nouvelles de la venue du saint corps.

Le lendemain matin, qui étoit le vendredi de la semaine de la Passion, on vit venir six barques à rames, environnées de torches ardentes et ornées très-superbement, où étoit la fleur de la noblesse portugaise. Douze autres barques suivoient avec trois cents des principaux habitans, qui tenoient chacun un cierge à la main, et il y avoit dans chaque barque des chœurs de musique et des instrumens de toutes façons.

Toute l'escadre se divisa en deux ailes pour accompagner le bateau chargé du corps du Saint. Il étoit couvert du drap d'or de Pereyra, et placé sur la poupe sous un riche dais avec des flambeaux allumés et des banderoles éclatantes.

Ils voguèrent ainsi vers Goa, mais lentement et en très-bel ordre. Toute la ville étoit sur le rivage dans l'impatience de voir son bon Père. Dès qu'on l'aperçut de loin, ce ne furent que des cris d'allégresse et que larmes de dévotion. Quelques-uns, plus impatiens que les autres, se jetèrent dans la mer, et, ayant gagné le bateau à la nage, l'accompagnèrent jusqu'au rivage en nageant toujours.

Le vice-roi l'y attendoit, escorté de ses gardes et du reste de la noblesse, du conseil royal et des magistrats, tous en habit de cérémonie. Dans le temps qu'on débarqua le saint corps, une compagnie de jeunes gentilshommes consacrés au service des autels, entonna le cantique *Benedictus Dominus, Deus Israel*, et la procession se mit en marche.

Quatre-vingt-dix enfans marchoient à la tête, vêtus de robes blanches, couronnés de fleurs, et tenant chacun à la main une branche d'olivier. La confrérie de la Miséricorde venoit après avec un étendard magnifique. Le clergé suivoit les confrères, et précédoit immédiatement le corps, qui étoit porté par les Pères de la Compagnie. Le vice-roi avec tout son cortége fermoit la marche, et étoit suivi d'une multitude innombrable de peuple. Toutes les rues étoient ornées de tapisseries, et, quand le bienheureux corps paroissoit, on jetoit des fleurs de toutes les fenêtres et de tous les toits.

Mais rien ne rendit la pompe plus célèbre que les miracles qui se firent alors ; car il sembloit qu'il s'exhalât de ce sacré corps une vertu salutaire avec une odeur céleste. Plusieurs malades, qui s'étoient fait apporter dans les rues, furent guéris à la vue du Saint, et quelques-uns même qui ne purent quitter leur lit, recouvrèrent leur santé en invoquant seulement son nom. Jeanne Pereyra fut de ce nombre ; après une maladie de trois mois, étant presque à l'extrémité, elle n'eut pas plutôt imploré le secours du Saint, qu'elle se sentit guérie parfaitement. Une autre jeune fille, qui étoit déjà à l'agonie, ayant été recommandée par sa mère au serviteur de Dieu, revint tout d'un coup, et se leva en bonne santé, tandis que la procession passoit.

Après plusieurs tours, on gagna le collége de Saint-Paul, et on déposa le cercueil dans la grande chapelle de l'église. On avoit fait un retranchement devant la chapelle contre la foule du peuple; mais ce retranchement fut bientôt rompu, malgré les soldats qui le défendoient.

Pour apaiser le tumulte, il fallut montrer trois fois le Saint et le tenir droit, afin que tout le monde le vît aisément. On jugea même à propos de le laisser trois jours découvert pour la consolation des habitans, qui ne se lassoient point de le regarder, et qui, en le regardant, étoient pénétrés d'une dévotion sensible.

Il se fit de nouvelles guérisons en présence du saint corps; des aveugles virent, des paralytiques marchèrent, et des lépreux furent guéris. A la vue de ces miracles, le peuple publioit tout haut les choses surprenantes qu'on savoit du père Xavier; et chacun célébroit la puissance du Dieu des miséricordes, et la gloire de son fidèle serviteur.

Aussitôt qu'on sut en Europe la mort du père Xavier, on commença à parler de sa canonisation (1). Le roi de Portugal la sollicita avec zèle. Dans cette vue, on fit un tableau des vertus du Saint. Nous croyons qu'il sera agréable à nos lecteurs d'en voir ici un extrait.

Tous les emplois extérieurs ne détournoient pas le père Xavier de la contemplation des choses divines. Etant à Goa, il se retiroit d'ordinaire, après le dîner, dans le clocher de l'église, pour n'être interrompu de personne, et il s'entretenoit là deux heures avec Dieu. Mais, parce qu'il n'étoit pas

(1) Les peuples des Indes étoient tellement persuadés de la sainteté de François, qu'ils ne pouvoient concevoir comment on en pouvoit douter et faire des informations à ce sujet. Les païens eux-mêmes le révéroient, et vouloient lui élever des autels; des Mahométans lui dédièrent une mosquée, et le roi de Travancor, aussi Mahométan, lui fit élever un temple superbe. Ces malheureux idolâtres ne pouvant contester les vertus et les miracles du père François, poussoient l'aveuglement jusqu'à lui décerner un culte dû à Dieu seul, au lieu d'embrasser la religion seule vraie, seule divine, dont il avoit été l'apôtre.

assez maître de lui-même en ces rencontres pour régler son temps, et qu'il devoit quelquefois sortir, il chargea un jeune homme du séminaire de Sainte-Foi, nommé André, de venir l'avertir quand les deux heures qu'il s'étoit prescrites seroient passées.

Un jour que le Père avoit à parler au vice-roi, André étant allé pour l'avertir, le trouva assis sur un petit siége, les deux mains en croix devant l'estomac, et les yeux attachés au ciel. Quand il l'eut regardé quelque temps à son aise, il l'appela ; mais voyant que le Père ne répondoit point, il parla plus haut et fit du bruit. Tout cela fut inutile, Xavier ne remua point ; et André s'en alla, se faisant scrupule de troubler le repos d'un homme qui lui paroissoit avoir l'air d'un Ange et goûter les délices des bienheureux. Il retourna néanmoins deux heures après, et il le trouva dans l'état où il l'avoit laissé. La crainte qu'eut le jeune homme de ne pas faire son devoir, s'il s'en alloit une seconde fois sans se faire entendre, l'obligea de tirer le Père et de le secouer. Xavier étant revenu enfin à lui, témoigna d'abord s'étonner que deux heures fussent déjà passées ; mais ayant su qu'il y en avoit plus de quatre qu'il étoit là, il sortit avec André pour aller au palais du vice-roi. Il étoit tellement occupé des choses divines et ravi en extase, qu'il revint sur ses pas, et dit à son compagnon : « Mon » fils, nous verrons une autre fois le gou- » verneur : Dieu a voulu que cette jour- » née fût toute pour lui. »

Allant une autre fois par les rues de la même ville, il étoit tellement occupé de Dieu, qu'il ne s'aperçut pas d'un éléphant furieux qui faisoit fuir tout le monde. On eut beau lui crier qu'il se détournât, il n'entendit rien, l'éléphant passa assez près de lui sans qu'il y prît garde.

Dans ses voyages de mer, il vaquoit réglément à l'oraison depuis minuit jusqu'au lever du soleil ; et de là vint que les matelots disoient qu'on n'avoit rien à craindre durant ce temps-là, parce que le père François gardoit le vaisseau, et que les tempêtes n'osoient s'élever tandis qu'il parloit à Dieu.

Un homme de Manapar chez qui il logeoit, et qui l'observoit la nuit à diverses heures, le trouvoit toujours à genoux au pied d'un crucifix, et voyoit souvent la chambre éclairée des rayons qui lui sortoient du visage.

Le pape lui avoit permis, en considération de ses emplois et de ses travaux apostoliques, de dire un bréviaire qui étoit plus court que le romain, et qui n'avoit jamais que trois leçons : on l'appeloit l'office de la croix, et on l'accordoit aisément en ce temps-là aux personnes fort occupées. Néanmoins Xavier n'usa jamais de sa permission, quelques affaires qu'il eût pour le service de Dieu : au contraire, avant que de commencer chaque heure canoniale, il disoit toujours l'hymne, *Veni, Creator*, et on remarquoit qu'en le disant, son visage s'enflammoit, comme si l'Esprit-Saint qu'il invoquoit, fût visiblement descendu sur lui.

Il célébroit tous les jours le sacrifice de la messe avec le même respect et la même dévotion qu'il le célébra la première fois, et c'étoit d'ordinaire au point du jour. Les douceurs célestes qui inondoient son ame à l'autel se répandoient jusque sur les assistans ; et Antoine Andrada racontoit de lui-même, qu'étant jeune soldat il sentoit une telle satisfaction intérieure toutes les fois qu'il servoit la messe au père Xavier, que, pour cela, il cherchoit l'occasion de là lui servir.

Au milieu d'un entretien avec les personnes du monde, le saint homme étoit quelquefois appelé vers Dieu par certaines illustrations subites qui l'obligeoient de se retirer ; et, quand on le cherchoit après, on le trouvoit, ou devant le Saint-Sacrement, ou en un lieu solitaire, abîmé dans une contemplation profonde, souvent suspendu en l'air, avec des rayons autour du visage. Plusieurs témoins oculaires ont déposé de ce fait.

Ces ravissemens extraordinaires, qui tiennent quelque chose de la gloire des bienheureux, lui arrivoient de temps en temps durant le sacrifice de la messe, lorsqu'il venoit de prononcer les paroles de la consécration ; et on le vit élevé de la sorte, particulièrement à Malaca et à Méliapor.

Les délices qu'il goûtoit alors ne peuvent être comprises que par les ames à qui Dieu fait des faveurs pareilles. Chacun néanmoins voit bien que, si l'homme peut jouir sur la terre des plaisirs du ciel, c'est lorsque l'ame, transportée hors d'elle-même, est plongée et comme perdue en Dieu. Dans ce bienheureux état, les plus longs espaces du temps ne semblent qu'un moment, et toutes les grandeurs du monde disparoissent à la vue de l'éternité.

Mais ce n'étoit pas seulement pendant ces transports extatiques que Xavier étoit uni intimement à Notre-Seigneur. Au fort du travail, il avoit l'esprit recueilli en Dieu sans être jamais dissipé ni par la multitude, ni par l'embarras des affaires, si bien qu'il étoit tout entier dans ce qu'il faisoit, et dans celui pour l'honneur duquel il travailloit.

Une si intime et si continuelle union ne pouvoit venir que d'une tendre charité; aussi le divin amour l'embrasoit-il tellement, qu'on lui voyoit d'ordinaire le visage tout en feu, et que, pour tempérer les ardeurs du dedans et du dehors, il falloit lui jeter de l'eau dans le sein. Souvent, en prêchant ou en marchant, il se sentoit si épris et si enflammé, que ne pouvant soutenir cet embrasement intérieur, il ouvroit sa soutane tout-à-coup devant l'estomac; et c'est ce qu'on lui a vu faire en plusieurs rencontres dans les places publiques de Malaca et de Goa, dans le jardin du collége de Saint-Paul et sur le rivage de la mer.

Il lui échappoit à toute heure de la bouche des paroles vives et ardentes, qui étoient comme les étincelles de ce feu sacré dont son cœur brûloit. Par exemple : *O très-sainte Trinité ! ô mon Créateur ! ô mon Jésus ! ô Jésus l'amour de mon cœur !* Il les disoit en latin pour n'être pas entendu du peuple ; et, étant à la côte de la Pêcherie, au royaume de Travancor et aux Moluques, on lui entendoit dire tant de fois le jour : *O sanctissima Trinitas !* que les Barbares les plus idolâtres, quand ils se trouvoient dans un grand péril, ou qu'ils avoient sujet de s'étonner de quelque chose, proféroient les mêmes paroles sans y rien entendre, sinon que c'étoient des mots sacrés et mystérieux.

Le sommeil n'interrompoit point ces tendres aspirations, et on lui entendoit dire toutes les nuits : *O mon Jésus, l'amour de mon cœur !* ou d'autres paroles pleines de tendresse qui marquoient la disposition de son ame.

Il étoit si sensible aux intérêts de la Majesté divine, que, touché très-vivement des péchés énormes qui se commettoient dans le Nouveau-Monde, il écrivit à un de ses amis en ces termes : « J'ai quelquefois la vie en horreur, et
» j'aime mieux mourir que de voir tant
» d'outrages faits à Jésus-Christ, sans
» pouvoir ni les empêcher ni les ré-
» parer. »

Au reste, pour entretenir toujours le feu de l'amour divin, il avoit sans cesse devant les yeux les souffrances de Notre-Seigneur. A la vue des plaies et du sang d'un Dieu crucifié, ce n'étoient que larmes, que soupirs, que langueurs et qu'extases amoureuses. Il brûloit de rendre au Sauveur vie pour vie, car le martyre a toujours été sa passion, et ses sentimens en sont une preuve. « Il arrive
» quelquefois par une grâce singulière de
» la divine Bonté, dit-il en l'une de ses
» lettres, que pour le service de Dieu,
» nous courons des périls de mort ; mais
» il faut se souvenir que nous sommes
» nés mortels, et qu'un Chrétien ne doit
» souhaiter rien davantage que de mourir
» pour Jésus-Christ. »

De là venoit la joie qu'il avoit quand les fidèles répandoient leur sang pour la foi, et il écrivit aux Pères de Rome, à l'occasion du massacre des Manarois baptisés : « Il faut nous réjouir avec Jésus-
» Christ de ce que les martyrs ne man-
» quent pas, même en notre temps, et
» le remercier de ce que, voyant si
» peu de personnes faire un long usage
» de ses grâces pour leur salut, il per-
» met que le nombre des bienheureux se
» remplisse par la cruauté des hommes.
» Il est venu de très-bonnes nouvelles
» des Moluques, dit-il ailleurs dans l'ar-
» deur de son amour; ceux qui y tra-
» vaillent souffrent beaucoup, et sont
» continuellement en danger de perdre
» la vie. Je m'imagine, ajoute-t-il, que
» les îles du More donneront plusieurs
» Martyrs à notre Compagnie, et qu'on
» les appellera bientôt les îles du Martyre.
» Que nos frères donc qui désirent de
» verser leur sang pour Jésus-Christ,
» aient bon courage et se réjouissent par
» avance, car enfin voilà un séminaire
» de Martyrs tout prêt pour eux, et ils au-
» ront là de quoi satisfaire leurs désirs. »
Sa charité ne se bornoit pas à des

sentimens et à des paroles ; elle paroissoit dans ses œuvres, et s'étendoit au service du prochain. Xavier sembloit n'être né que pour le soulagement des misérables. Il aimoit les pauvres avec tendresse ; et les servir, c'est ce qu'il appeloit ses délices.

Il n'avoit point honte d'aller par la ville avec un sac sur l'épaule, mendiant du linge pour les soldats qui étoient blessés : il pansoit leurs plaies, et il le faisoit avec d'autant plus d'affection qu'elles étoient plus sales et plus rebutantes. S'il rencontroit dans les rues quelque pauvre abattu de maladie ou mourant de faim, il le prenoit entre ses bras, le portoit à l'hôpital, lui préparoit des remèdes, et lui apprêtoit à manger lui-même.

Quoique tous les malheureux lui fussent fort chers, il assistoit particulièrement les prisonniers à Goa ; il employoit un jour de la semaine en faveur de ceux qui étoient accablés de dettes. S'il n'avoit pas de quoi payer entièrement les créanciers, il les apaisoit par ses honnêtetés, et les obligeoit quelquefois à relâcher une partie de la somme qui leur étoit due.

Les pauvres, d'une commune voix, l'appeloient leur père; et il les regardoit aussi comme ses enfans. On ne lui donnoit rien qui ne passât de ses mains dans celles des membres de Jésus-Christ, jusqu'à se priver de ce qui lui étoit nécessaire.

Il ne cessoit point de recommander ses amis et ses bienfaiteurs à Dieu; mais ceux qui le persécutoient, avoient plus de part à ses prières que les autres; et, dans le temps qu'il fut traité indignement par le gouverneur de Malaca, comme nous l'avons vu, il offroit tous les jours pour lui le sacrifice de la messe.

Il disoit que rendre le bien pour le mal, c'étoit se venger d'une manière divine : il en usa de la sorte à l'égard du gouverneur de Comorin. « Mon très-
» cher frère en Jésus-Christ, écrivit-il
» au père Mansilla, j'apprends de tristes
» nouvelles, que le navire du gouver-
» neur est brûlé, que ses maisons l'ont
» été aussi, qu'il s'est retiré dans une
» île dépouillée de tout, et qu'à peine
» a-t-il de quoi vivre. Je vous prie, par
» la charité chrétienne, d'aller au plutôt
» à son secours avec vos chrétiens de

» Punical : ramassez tout ce que vous
» pourrez de barques, et chargez-les, de
» toutes sortes de provisions. J'écris for-
» tement aux chefs du peuple qu'ils
» vous fournissent toutes les choses né-
» cessaires, sur-tout de l'eau douce,
» qui est si rare dans ces îles désertes,
» comme vous savez. J'irois en personne
» secourir le gouverneur, si je croyois
» que ma présence lui fût agréable;
» mais il me hait depuis peu, et il a
» écrit qu'il ne pouvoit dire, sans un
» grand scandale, tous les maux que je
» lui ai faits Dieu et les hommes savent
» si jamais je lui ai fait aucun mal. »

Il n'est guère possible d'énumérer les îles et les royaumes qu'il a parcourus et évangélisés. Dès qu'il y avoit la moindre apparence que la foi pût être plantée dans quelque nouvelle contrée, il y voloit, malgré toutes les difficultés qui se présentoient. On ne peut pas dire exactement le nombre des infidèles qu'il a convertis; l'opinion commune est que ce nombre passe sept cent mille; mais il ne faut pas croire pour cela qu'il les instruisît légèrement. Avant que de les baptiser, il leur enseignoit à fond les principes de la foi ; et bien long-temps après, des peuples qui avoient été privés de pasteurs pendant quinze ou seize ans, furent trouvés instruits dans la religion, et fervens dans la pratique des bonnes œuvres. Un certain nombre, devenus esclaves des païens, aimèrent mieux perdre la vie dans les tourmens, que de renoncer à Jésus-Christ.

Le Saint employoit divers moyens pour convertir les peuples de l'Orient, ou pour affermir leur conversion. Dans les lieux où il prêchoit l'Evangile, il plantoit de grandes croix sur le rivage de la mer, sur les collines et sur les chemins publics, afin que la vue de ce signe du salut donnât aux Gentils la curiosité de savoir ce que c'étoit, ou leur inspirât de saintes pensées, s'ils avoient déjà entendu parler de Jésus-Christ.

Comme il ne pouvoit pas prêcher toujours, il écrivit plusieurs instructions sur la foi et les mœurs, dans la langue des nations converties, et c'étoit sur ces instructions écrites que les enfans apprenoient à lire. Le Saint composa aussi des chansons dévotes, et bannit par-là toutes les chansons impudiques que les idolâtres savoient avant leur baptême ; car les cantiques de Xavier plaisoient tant aux hommes, aux femmes et aux enfans, qu'on les chantoit jour et nuit dans les maisons et à la campagne.

Pour gagner les ames à Dieu, il se faisoit tout à tous, il se montroit doux et amical avec les plus grands pécheurs, les soldats les plus libertins. Il se mêloit parmi eux, conversoit avec eux, et jouoit même quelquefois aux échecs par complaisance, quand les personnes qu'il vouloit retirer du vice, aimoient ce jeu.

Il en usoit de même avec les marchands. Il les entretenoit de leur négoce ; il bénissoit les vaisseaux qu'ils faisoient partir pour le commerce ; il leur en demandoit souvent des nouvelles, comme s'il eût été en société avec eux ; mais, tandis qu'il leur parloit de ports, de vents et de marchandises, il détournoit adroitement le dicours sur les biens du ciel. « A quoi pensons-nous, leur
» disoit-il, de nous amuser aux trésors
» fragiles de la terre, comme s'il n'y
» avoit point d'autre vie que la vie
» présente, ni d'autres richesses que l'or
» du Japon, les soies de la Chine et les

» épiceries des Moluques ? Eh ! que sert
» à un homme, poursuivoit-il, de gagner
» tout l'univers, et de perdre son ame ? »
Ces paroles, dont le père Ignace s'étoit
servi pour le détacher du monde, lui
étoient très-familières, et il les employoit
à toute heure.

Sa confiance en Dieu étoit inébranlable, et il pouvoit dire avec justice : *Je peux tout en Celui qui me fortifie.* Dans les entreprises les plus périlleuses, il espéroit tout de Dieu, et c'est ce qui lui faisoit tout oser. Voici comme il parle lui-même de son voyage du Japon : « Nous allons pleins de confiance en Dieu,
» et nous espérons que, l'ayant pour
» guide, nous triompherons de ses enne-
» mis. Nous ne craignons pas, au reste,
» d'entrer en lice avec les savans du
» Japon ; car que peut savoir de bon
» celui qui ne connoît pas le vrai Dieu,
» ni son Fils unique Jésus-Christ ? Et
» d'ailleurs, que peut-on craindre, lors-
» qu'on n'a en vue que la gloire de Dieu
» et de Jésus-Christ, que la prédication
» de l'Evangile et que le salut des
» ames ?

» Nous ne craignons rien que d'of-

» fenser ce Dieu tout-puissant; et pourvu
» que nous ne l'offensions point, nous
» nous promettons, avec son secours,
» une victoire assurée sur nos ennemis. »

C'est dans cet esprit de confiance et d'humilité, que le Saint écrivant au père Simon Rodriguez, lui parle ainsi : « Notre
» Dieu tient en sa main les tempêtes des
» mers de la Chine et du Japon ; les
» rochers, les gouffres et les bancs fa-
» meux par tant de naufrages, sont sous
» sa puissance. Il est le maître de tous
» les pirates qui courent ces mers et qui
» exercent d'horribles cruautés sur les
» Portugais ; c'est pourquoi je ne crains
» rien de tout cela ; je crains seulement
» que Dieu ne me punisse de ce que je
» suis si lâche dans son service, et si
» peu propre, par ma faute, à étendre le
» royaume de son Fils Jésus-Christ parmi
» les nations qui ne le connoissent point. »

Ces sentimens produisoient dans l'ame du Saint une entière défiance de lui-même avec une parfaite humilité. On ne parloit que de lui dans le Nouveau-Monde ; les infidèles et les chrétiens l'honoroient presque également ; et il avoit un si grand pouvoir sur la nature que c'étoit, disoit-on, une espèce de miracle quand il n'en faisoit point. Mais tout cela ne servoit qu'à le confondre, parce qu'il ne trouvoit en lui-même que son néant, et que, n'étant rien devant ses yeux, il ne comprenoit pas que les hommes pussent l'estimer.

Une humilité si solide étoit dans Xavier le principe d'une parfaite soumission aux ordres de Dieu, et à ses supérieurs qui lui tenoient la place de Dieu. Il avoit pour le père Ignace, général de la Compagnie de Jésus, une vénération et une déférence mêlée de tendresse, qui passent tout ce que nous en pouvons imaginer. Il a exprimé lui-même une partie de ses sentimens là-dessus, et on ne peut les lire sans consolation.

Ses maximes sur l'obéissance montrent bien encore quelle étoit la sienne.

« Il n'y a rien de plus sûr ni de moins
» sujet à l'erreur que de vouloir tou-
» jours obéir. Au contraire, c'est une
» chose fort périlleuse, que de vivre
» selon sa volonté et sans suivre le mou-
» vement de ses supérieurs; car, quand
» vous feriez quelque chose de bien,
» pour peu que vous vous écartiez de

» ce qu'on vous commande, soyez per-
» suadés que votre action est plus vi-
» cieuse qu'elle n'est bonne.

» Le démon tente par des suggestions
» malignes la plupart de ceux qui se
» sont dévoués au service de Dieu. *Que
» faites-vous là*, leur dit-il intérieure-
» ment? *Ne voyez-vous pas que vous
» perdez votre peine?* Résistez forte-
» ment à cette pensée, qui est capable
» non-seulement de vous retarder dans
» le chemin de la perfection, mais de
» vous en détourner tout-à-fait; et que
» chacun de vous se persuade qu'il ne
» sauroit mieux servir Notre-Seigneur
» que dans le lieu où son supérieur l'a
» mis. »

Le saint homme étoit si persuadé que la perfection consistoit dans l'obéissance, qu'il commandoit souvent à ses frères en vertu de la sainte obéissance pour augmenter leur mérite.

« Je vous prie, dit-il à deux mission-
» naires de Comorin, d'aller à l'île du
» More; et afin que vous ayez plus d'oc-
» casion de mériter en obéissant, je
» vous le commande absolument. »

A la pratique de l'obéissance, il joignoit un ardent amour pour les souffrances. Il faisoit à pied tous ses voyages de terre, même au Japon, où les chemins sont très-rudes, et il marchoit souvent pieds nus dans la saison la plus rigoureuse. Mais il se faisoit un bonheur de la souffrance, et on peut l'en croire sur sa parole.

« Les fatigues d'une si longue navigation, dit-il, un long séjour parmi les Gentils, et dans une terre brûlée des excessives ardeurs du soleil, toutes ces incommodités étant souffertes comme il faut pour l'amour de Dieu, sont, en vérité, une source abondante de consolations. Pour moi, je me persuade que les amateurs de la croix de Jésus-Christ vivent heureux au milieu des peines; et que ce leur est une mort de n'avoir rien à souffrir. Car peut-il y avoir une mort plus dure, que de vivre sans Jésus-Christ, après que nous l'avons une fois goûté, et que de le quitter pour satisfaire nos inclinations? Croyez-moi, il n'y a point de croix pareille à celle-là. Quel bonheur, au contraire, de vivre en mourant tous les jours, et en domptant ses passions, pour chercher, non nos propres intérêts, mais les intérêts de Jésus-Christ. »

La mortification intérieure étoit le principe de ces sentimens du saint homme. Dès les premières années de sa conversion, il s'étudia à se vaincre en tout, à dompter sa chair et à conserver la pureté de son cœur.

Un corps si chaste et un cœur si pur ne peuvent être que d'un fidèle serviteur de la sainte Vierge. Xavier l'honora et l'aima toute sa vie avec des sentimens pleins de respect et de tendresse. Ce fut dans l'église de Montmartre consacrée à la Mère de Dieu, et le jour de l'Assomption, qu'il fit ses premiers vœux. Ce fut dans celle de Lorette qu'il eut la première inspiration et qu'il conçut les premiers désirs d'aller aux Indes. Il ne demandoit rien à Notre-Seigneur que par l'entremise de sa Mère; et, dans l'explication qu'il faisoit de la doctrine chrétienne, après s'être adressé à Jésus-Christ pour obtenir la grâce d'une foi vive et constante, il s'adressoit pour la même raison à Marie. Il finissoit toutes ses instructions par le *Salve, Regina*. Il n'entreprenoit jamais rien que sous les auspices de la Vierge; et, dans les périls, il avoit toujours recours à elle comme à sa patronne.

Au reste, pour montrer qu'il étoit son serviteur, et qu'il faisoit gloire de l'être, il portoit d'ordinaire un chapelet pendu au cou; et, afin que les chrétiens s'affectionnassent à dire le chapelet, il en usoit le plus souvent pour opérer des miracles.

Quand il passoit les nuits en oraison dans les églises, c'étoit presque toujours devant une image de la Vierge. Il lui offroit sur-tout des vœux pour la conversion des grands pécheurs, et pour la rémission de ses péchés, comme il dit dans une de ses lettres qui ne marque pas moins son humilité que sa confiance en l'intercession de la sainte Vierge.

Dans ses conversations, il parloit ordinairement des grandeurs de Marie, et il portoit tout le monde à la servir. Enfin, étant sur le point de rendre l'ame, il l'invoqua avec de tendres paroles, et la pria de montrer qu'elle étoit sa mère.

Telles sont les principales vertus dont le tableau fut présenté au saint Siége. De nouveaux miracles éclatoient de toutes parts. Le corps du père Xavier, son nom, les grains de son chapelet, les pièces de ses habits, les croix qu'il avoit plantées, coopéroient à proclamer la puissance de Dieu et la sainteté de son serviteur.

Le corps du Saint, toujours entier, avec une chair tendre et une couleur vive, étoit un miracle perpétuel. Ceux qui le voyoient, avoient peine à croire que l'ame en fût séparée, et Diaz Carvaglio, qui avoit connu Xavier particulièrement pendant sa vie, le voyant plusieurs années après sa mort, lui trouva le teint si frais et le coloris si beau, qu'il ne put s'empêcher de s'écrier plus d'une fois : *Ah! il est vivant!*

Le vicaire-général de Goa, Ambroise Ribera, voulut examiner lui-même si le dedans répondoit au dehors. Ayant mis le doigt dans la blessure qu'on fit au Saint quand on l'enterra à Malaca, il en vit sortir du sang et de l'eau. La même chose arriva une autre fois à un frère de la Compagnie.

Le Saint fut un jour exposé publiquement, avec les pieds nus, à l'instance du peuple, qui, par dévotion, vouloit les baiser. Une femme qui souhaitoit passionnément d'avoir une relique de Xavier, lui coupa un peu de chair au pied. Le sang coula aussitôt en abondance, mais un sang vermeil et tel qu'en ont les personnes les plus saines. Les médecins qui visitoient le corps de temps en temps, et qui déposoient toujours qu'il n'y avoit rien de naturel dans ce qu'ils voyoient, jugèrent que tous ces prodiges ne pouvoient être que l'effet d'une vertu toute céleste.

Tant de merveilles se répandirent de l'Orient par toute l'Europe, et le pape Paul V déclara François Xavier bienheureux, par une bulle du 25 Octobre de l'année 1619, et Grégoire XV le canonisa le 12 Mars 1622.

O grand Saint, obtenez de Dieu que la lecture de votre vie fasse sur nous une profonde impression, et, qu'à votre exemple, nous soyons pénétrés de cette grande vérité : *Que sert à l'homme de gagner l'univers, s'il vient à perdre son ame ?*

F I N.

EN VENTE CHEZ LES MÊMES LIBRAIRES :

Collection
DE
Vies des Saints.

Tous les vrais Chrétiens reconnoissent les avantages inestimables de la lecture des Vies des Saints, et en font l'aliment habituel de leurs âmes ; mais la plupart sont forcés de se contenter d'abrégés qui ont nécessairement moins d'onction et d'intérêt que des vies complètes. C'est pour faciliter la propagation de ces excellens livres, que l'on peut appeler de véritables missionnaires, que nous publions une collection de Vies séparées, du format in-18.

Elle se compose des douze Vies suivantes :

- St. Bernard.
- St. Charles Borromée.
- Ste. Catherine de Sienne.
- S. François d'Assise.
- St. François Régis.
- St. Ignace de Loyola.
- St. Jean Chrysostôme.
- Ste. Marie Magdeleine de Pazzy.
- Ste. Thérèse.
- St. Thomas d'Aquin.
- St. Vincent de Paul.
- Choix de Vies des SS. Pères du désert.

Le prix de la collection est de 3 fr. 50 c. pour les souscripteurs à la nouvelle Bibliothèque catholique ; les autres personnes paieront 4 fr.

www.ingramcontent.com/pod-product-compliance
Lightning Source LLC
Chambersburg PA
CBHW051905160426
43198CB00012B/1763